JEANNE RULAND

Die Kraft der Segnung

Schirner Verlag

ISBN Printausgabe 978-3-8434-5068-3
ISBN E-Book 978-3-8434-6083-5

Jeanne Ruland:
Die Kraft der Segnung

Umschlag: Murat Karaçay, Schirner,
unter Verwendung von #33959207 (© Anson)
und #23929889 (© hopenes), www.fotolia.de
Satz: Simone Leikauf, Schirner
Redaktion: Sandra Frey & Sarah Neumann, Schirner
Printed by: Ren Medien GmbH, Germany

www.schirner.com

9. Auflage November 2018

Widmung

Möge jeder, der dieses Büchlein in der Hand hält,
den goldenen Regen des Segens erfahren.
Möge der Segen Sie tragen, erfüllen, leiten
und Ihrem Leben eine lichtvolle
Richtung geben.
Fühlen Sie sich geehrt und gesegnet,
jeder von uns ist ein Kind Gottes.
Jeder kann sich für den Segen öffnen,
der aus höheren, reinen Lichtwelten in uns hineinströmt.
Lenken Sie den Segen aus den inneren Ebenen in Ihr Leben,
so können Sie zum Segen für sich selbst
und für diese Welt werden.
Möge diese Welt heller leuchten, weil es Sie gibt.

Aloha nui loa – viel Segen

Jeanne Ruland

SEGEN SEI MIT DIR

Komm, komm, wer du auch bist,
nimm Zuflucht bei den segnenden göttlichen Eigenschaften,
die mit ihrer Leuchtkraft ewig strahlen.
Wie das Licht von tausend Sonnen
berühren sie das innerste ewige Wesen unseres Herzens.
Sie verscheuchen die Schatten der Nacht.
Das segensvolle Licht
stattet dich mit einer freudvollen, kraftvollen Energie aus.
Die Segensstrahlung klärt den Geist.
Nimm Zuflucht bei mir,
die ich dir immer Segen gewähre,
sooft du dieser Strömung bedarfst.
Das ewige Leben ist in dir, öffne dich ihm.
Selbst gütig und sanftmütig zu sein,
ist der große Wendepunkt des Lebens.
Komm, du gesegneter Wanderer auf dem Weg zum Licht.
Lasse dich nicht entmutigen.
Gehe deinen einzigartigen Weg, und folge deinem Stern.
Möge Friede sein in unseren Herzen,
möge Friede werden auf Erden.

Legen Sie Ihre Hand auf dieses Bild, fühlen Sie den Segen – atmen Sie ihn ein, und strahlen Sie ihn aus!

INHALT

VORWORT 8

EINLEITUNG 14

Die Schale des Lichts 14
Die fünfte Kammer unseres Herzens 17
Von der Selbstliebe zur Nächstenliebe 20
Was bedeutet segnen? 27
Segen in der Geschichte der Menschheit 33

PRAKTISCHER TEIL 42

Selbstermächtigung und Segen 42
Anleitung zum Segnen 43
LoA (Law of Attraction) – Das Gesetz der Resonanz 59
Ho'oponopono – Harmonie erschaffen 64
Weitere Segenswege 67
Der Segen aus der Natur 69
Das Medizinrad –
Der Segen der vier Himmelsrichtungen 70
Segen im Laufe des Lebens 80
Eine Segensgeschichte 90
Jahresvorschau 92
Fragebogen: Zielsetzung für das neue Jahr 93

Fragebogen: Tikis – Spirits –
das geistige Team im neuen Jahr 96
Segnung und Meditationsreise
zum Seelenteam im neuen Jahr 97
Segnung des neuen Jahres 107

NACHWORT **109**

ÜBER DIE AUTORIN **110**

LITERATUR **111**

BILDNACHWEIS **112**

VORWORT

Mein Herz tauchte einst ein in das himmlische Reich.
Als es zurückkam, fragte ich es:
»Was bringst du mit, mein Herz?«
Es sagte: »Liebe, Segen und Dankbarkeit,
denn diese sind im Himmelreich zu Hause.«

Ich fühle mich von Kindesbeinen an gesegnet – obwohl ich nicht gerade eine leichte Kindheit hatte und wie viele andere Menschen auch durch Höhen und Tiefen gegangen bin. Denn es gab immer eine Instanz in mir, die mich wieder aufgerichtet und auf den guten, kraftvollen Weg gebracht hat. Bereits als Kind konnte ich Engel und die Wesen der Geistigen Welt sehen, ich sprach von ihnen und malte sie. Ich erlebte, wie sie uns in ihr Licht einhüllten, uns trugen, uns wieder Zuversicht, Hoffnung, Eingebungen und Mut in ausweglos erscheinenden Situationen sendeten. Wenn wir von Grund auf positiv, zuversichtlich und freudvoll durch das Leben gehen, wird uns das Leben immer wieder in diese goldenen Schwingungen versetzen.
Meine Omi nannte mich oft »Sonnenschein«. Ich spüre sehr oft eine goldene, zuversichtliche, unbändige Lebensfreude in mir, da die Engel mir sehr nah sind. Im Leben Erfahrungen zu machen, viel zu lernen und zu erleben, hat mir schon immer viel Freude bereitet.

Die Wesen des Lichts senden uns Segen, Zuversicht, Hoffnung, neue Wege und überraschende Wendungen, wenn wir uns für die höheren geistigen Reiche öffnen. Oft nahm ich die Engelwesen ganz besonders dann wahr, wenn die Dunkelheit im Leben am stärksten schien. Durch ein einfaches Stoßgebet können wir die Mächte des Himmels rufen, und sie werden uns ihren Segen spenden, uns umhüllen und uns lichtvoll in jeder Situation unseres Lebens leiten.

Ich erinnere mich noch an eine sehr dunkle und einsame Nacht in meinem Leben, die ich in großer Trauer und großem Schmerz verbrachte. Mein Bruder war tot, und ich stand fassungslos vor diesem großen, schwarzen Loch, nicht wissend, wie es weitergehen sollte, und fragte nach dem Sinn des Lebens, wenn uns am Ende doch der Tod ereilt. Das »Warum?« quälte mich. Ich war gerade 19 Jahre alt. Es war Nacht, ich konnte nicht wirklich schlafen. Unruhig wälzte ich mich hin und her. Das Schwarz schien mich zu umhüllen und mich in sich hineinzuziehen. Ich hielt innige Zwiesprache mit mir selbst. Gefangen in einer Zwischenwelt, war ich nicht wach, schlief aber auch nicht. Bilder tauchten auf und verschwammen wieder. Ich sah mich an einem unüberwindbaren Abgrund sitzen. Ich fror an diesem verlorenen Ort. Mir war kalt bis ins Knochenmark. Es war keine äußere Kälte, sie kam aus einer unbekannten Tiefe in meinem Inneren. Ich überlegte, ob ich in diesen Abgrund springen sollte. Inständig bat ich um Hilfe. Plötzlich bemerkte ich goldene Flügel. Sie legten sich sanft und wärmend um mich. Sie hüllten mich ein, und goldenes Licht begann, meinen Körper zu wärmen. Das erste Mal seit Wochen spürte ich wieder eine innere Wärme und ein wärmendes Licht in mir, das mich mehr und mehr durchdrang. Dieser Engel hüllte mich ganz und gar ein und zog mich sanft weg von diesem Abgrund. Er trug mich durch ein Loch in das Licht zurück. Er setzte mich auf eine grüne Wiese, das Licht blendete mich. Ich brauchte einen Moment, um mich daran zu gewöhnen. Er blieb bei mir und gab mir folgende Botschaft: »Nun bist du wieder im Leben. Es ist noch keine Zeit für dich. Du hast noch eine Aufgabe hier auf dieser Welt. Wir können Spuren des Lichts im Leben hinterlassen, solange es uns gegeben ist. Ich sende dir Hilfe.« Es dauerte tatsächlich keine zwei Tage, und ich lernte jemanden kennen, der mich wunderbar durch diese Zeit der Trauer zurück ins Leben begleitete. Das war ein großer Segen. Manchmal offenbart sich der Segen im Leben viel später. Im Nachhinein bin ich froh um meinen einzigartigen Weg und alles, was ich dadurch gelernt und erfahren habe. Jede schwere Erfahrung im Leben öffnet uns mehr für das Mitgefühl. Der Segen kann in vielen Gewändern und Gestalten seine Wirkung in unserem Leben entfalten. Wenn wir uns darauf ausrichten, können wir ihn in seinem mannigfachen Ausdruck erkennen und selbst zum Segen für uns, unsere Mitmenschen und die gesamte Schöpfung werden.

Wir alle sind in der Lage, über uns hinauszuwachsen, wenn wir unser Herz öffnen, um den Segen zu empfangen. Ich habe in meiner kurzen Lebenszeit so viel hier auf der Erde erlebt, dass ich nicht mehr an Engel *glaube*, sondern um ihre Gegenwart, ihr Licht, den Segen, den sie verströmen, und ihre ewige Liebe *weiß*. Dieses Büchlein soll kein Büchlein über Engel werden, obwohl ich oft genau aus ihren Reichen sehr, sehr viel Segen und Kraft auf meinen Reisen um den gesamten Erdball erfahren habe. Mit diesem Büchlein möchte ich Sie in die Kraft des Segnens einführen, die sehr unterschiedlich aussehen kann und in jedem Bereich des Lebens förderlich ist.

Wenn wir in die Meister- und Engelebenen hineinschauen, ist »Segen spenden« das, was erleuchtete Wesen höherer Ordnung tun. Sie segnen unseren Erdenweg. Sie spenden uns Segen, immerfort und immerwährend. Schauen Sie sich um: Überall auf der Welt finden wir heilige Statuen mit Segensgesten, ob von Mutter Maria, Jesus Christus, Buddha, Kuan Yin, Krishna, Lakshmi oder anderen Heiligen und aufgestiegenen Meistern. Segnen ist eine der machtvollsten, häufigsten und heiligsten Gesten und unabdinglich auf unserem Weg in die Selbstmeisterung.

Nehmen Sie sich jetzt einen Augenblick Zeit. Legen Sie dieses Büchlein beiseite.

Schließen Sie Ihre Augen, und stellen Sie sich einen Meister/ eine Meisterin Ihres Herzens vor. Spüren Sie für einen Moment den Licht- und Segensstrom, der von ihm/ihr ausgeht. Fühlen Sie, wie diese Kraft in Sie hineinströmt, Sie umhüllt, Sie durchdringt. Atmen Sie diesen Segensstrom in Ihr gesamtes Wesen ein.
Wenn Sie angefüllt sind mit Segensenergie, können Sie diese aus Ihrem inneren Wesen in die Welt strahlen.

Dieser Strom ist immer da, für jeden, der sich dafür öffnet. Er versiegt niemals. Wir sind es, die sich auf diesen machtvollen Strom des Segens ausrichten können. Wiederholen Sie diese kleine Übung mehrmals am Tag.

Seit längerer Zeit hat mich der Aloha- und Huna-Spirit im Innersten berührt und mich dazu bewegt, den Weg der Liebe und des Lebensstroms zu gehen. Ich fühle mich von diesem Spirit wunderbar getragen. Durch Würdigung und Segnung geschieht Heilung. Segen gibt uns allzeit Kraft, unseren einzigartigen Weg hier auf der Erde vertrauensvoll weiterzugehen. Segen zu erfahren, auf welche Art auch immer, ist einer der wichtigsten Wendepunkte im Leben. Ich möchte Sie auf die Reise in das goldene Licht des Segens mitnehmen, das für alle Menschen und die gesamte Schöpfung gedacht und zugänglich ist. Segen ist ein mächtiger Energiestrom, eine kraftvolle Welle, die Sie trägt. Ermächtigen Sie sich selbst, zu segnen, Segen auszustrahlen und den Segen zu empfangen, der in diesem Universum auf Sie wartet. Stellen Sie Ihren inneren Sender auf Segen, und ein goldener Kraftstrom wird Ihnen Frieden, Gesundheit, Glück und Freiheit schenken und Sie in ein neues Zeitalter tragen.

Es gibt nichts zu tun.
Da zu sein reicht völlig aus. Ich bin gesegnet!
Wenn ich einen Impuls im Herzen verspüre, handle ich.
Ich atme Liebe ein! Ich atme Dankbarkeit und Segen aus!
Ich fühle mich mit jedem Atemzug gesegnet.

Aloha nui loa
Jeanne Ruland

EINLEITUNG

Die Schale des Lichts

In Hawaii gibt es einen wunderbaren Glauben, den ich hier mit eigenen Worten wiedergeben möchte.

Die Hawaiianer sind der Überzeugung, dass wir geistige Wesen sind, die für eine bestimmte Zeit eine menschliche Erfahrung machen, und nicht Menschen, die ab und zu eine geistige Erfahrung machen. Wir sind in erster Linie Lichtwesen. Als geistige Wesen haben wir Zugang zu allen Ebenen und Dimensionen der Schöpfung. Wir haben ewig Zugang zur Liebe, zur Weisheit und zum Segen dieser Schöpfung. In uns wohnt das ewige Licht. Es ist unser Glück, unser Lebenselixier. Jeder Mensch ist einzigartig. Keinen Menschen gibt es ein zweites Mal. Mit unserer Geburt wird uns eine ganz bestimmte »Medizin« bestehend aus Talenten, Fähigkeiten, Begabungen und Kräften mitgegeben, damit wir unseren Weg hier mit Segen, Liebe und Glück erfüllen können.
Laut Überlieferung wird jedes Kind mit einer Schale voll von reinem, göttlichem, unantastbarem Licht geboren. In Hawaii erhält jeder zu seiner Geburt von den Ältesten eine echte Schale, die es an dieses wundervolle, einzigartige Licht im Inneren erinnern soll. Dieses Licht ist das Glück und das Lebenselixier, das Leuchten der Liebe im Innersten.

Wenn wir durch das Leben gehen und Erfahrungen machen, die uns aus dem Gleichgewicht bringen, wie zum Beispiel Erfahrungen der Ablehnung, der Bestrafung oder des Schmerzes, ist es, als ob jemand uns Pohaku – Steine – in die Schale des Lichts legt. Sie blockieren unser Licht, und wir können nicht mehr in unserer einzigartigen geistigen Größe leuchten und glänzen.

Die Hawaiianer haben eine einfache Lösung dafür. Jeden Abend vor dem Sonnenuntergang schauen sie in ihre Schale des Lichts. Sie drehen die Schale um, sodass alles in das Meer der Schöpfung fallen kann, was sich am Tag in der Schale gesammelt hat. So kann das Licht immer funkeln, leuchten und strahlen.

Es gibt zwei Arten von Steinen, die das Licht des Glücks verdrängen oder verdunkeln. Beide stehen dabei für einen belastenden Gedanken, mit dem wir unsere Macht des Glücks an etwas verschenken, das außerhalb von uns liegt. LILI ist ein Gedanke, der uns Mangel suggeriert und dafür sorgt, dass wir niemals zufrieden sind. Er beginnt meist mit »Ach, hätte ich doch nur …«. NINI ist der Gedanke, dass andere Personen glücklicher sind als wir. Er beginnt meist mit »Wäre ich doch nur wie …«. Das Glück kann durch das Leeren der Schale wiederhergestellt werden. Übergeben Sie alles der Schöpfung. Sie wird sich am besten um die Umwandlung kümmern. Auf diese Weise bleiben der Zustrom zur Quelle und der Segen, der uns jeden Tag im Leben auf leisen Sohlen begleitet, erhalten. Lenken wir unsere Aufmerksamkeit auf die Segnungen, und sie werden sich mehren.

Hier eine kleine Übung:
Nehmen Sie sich jeden Abend vor dem Zubettgehen Zeit, stellen Sie sich Ihre Schale des Lichts vor. Schauen Sie in die Schale, fühlen Sie die Schale. Dann malen Sie sich aus, wie Sie Ihre Schale des Lichts von den Ansammlungen des Tages reinigen. Nehmen Sie diese Schale in Ihrer Vorstellung, und leeren Sie sie aus, bis das Licht wieder vollkommen zum Vorschein kommt.

Lassen Sie den Tag noch einmal vor Ihrem inneren Auge vorbeiziehen, und schauen Sie auf die Segnungen des Tages. Vielleicht kam ein positiver Anruf, oder Sie haben unerwartet ein Geschenk erhalten, jemand hat Ihnen ein Kompliment gemacht, oder Sie haben jemand anderem Freude und damit Segnung geschenkt.

Diese weltweit bekannten Sätze aus der Huna-Lehre helfen beim Segnen des Tages:

Ich vertraue auf mich selbst!
Ich segne die Gegenwart!
Ich erwarte das Beste!

Die fünfte Kammer unseres Herzens

Richten Sie sich immer wieder nach dem Meister/ der Meisterin im Inneren Ihres Herzens aus.

In der fünften Kammer unseres Herzens soll sich ein Wesen befinden, geschlechtslos, ewig jugendlich, strahlend und segnend. Es ist das göttliche Wesen in uns, unser Selbst, das ewige Licht. Der Abdruck dieses göttlich geistigen Wesens findet sich überall.

Dieses innere ewige Wesen, dieser ewige Funke in uns, hat uns hierher gebracht, dieses Wesen hat uns den ersten Atemzug nehmen lassen. Hätten wir diesen ersten Atemzug nicht gemacht, hätte uns keine Macht der Welt in dieses Leben bringen können, weder unsere Eltern noch die Ärzte. Dieses Wesen hat uns von den ersten Zellteilungen über die ganze Schwangerschaft, von einem Kind zu einem erwachsenen Menschen werden lassen, ohne dass wir etwas tun mussten. Dieses innere Wesen in uns hat unzählige Male unsere Wunden und Narben geheilt. Denken Sie an all die blauen Flecke, Schnitt- und Schürfwunden, die immer wieder von selbst von innen heraus heilen. Es macht Ihre Augen sehend, regelt Ihre Körpervorgänge, erneuert Ihre Zellen immer und immer wieder. Dieses Selbst wohnt in Ihnen und führt Sie allzeit von innen, woraus alle Kraft kommt. Wenden Sie sich dieser Kraft im Inneren zu. Werden Sie sich Ihrer geistig göttlichen Natur bewusst.
Nehmen Sie sich jetzt Zeit. Legen Sie die Hände auf Ihr Herz. Fühlen Sie die ewige Flamme in sich. Fühlen Sie das ewige Wesen in sich. Senden Sie Liebe und Wertschätzung an Ihr Selbst. Sprechen Sie zu Ihrem Selbst: »Es tut mir leid, dass ich dich oft nicht so beachte und anderes über dich stelle. Ich liebe mich, ich liebe das ewige Licht in mir …«. Oder sagen Sie: »Ich lerne, mich mehr und mehr zu lieben.

Bitte verzeihe, dass ich oft nicht an dich glaube, dir noch nicht vertraue ... Danke, dass du da bist. Ich öffne mich mehr und mehr für den ewigen Funken in meinem Inneren.«
Fühlen Sie die Liebe und die Dankbarkeit. Erlauben Sie diesem Licht in Ihnen, dass es sich ausdehnt und aus Ihnen von innen nach außen strahlt, in alles, womit Sie sichtbar und unsichtbar verbunden sind. Der Segen wohnt bereits in Ihnen. Sie können ihm jetzt mehr Raum geben, indem Sie beginnen, sich selbst, Ihren wahren göttlichen Kern, zu lieben.

Nehmen Sie sich zuerst selbst in den Arm.
Nehmen Sie die ewige Flamme, die Sie in sich erahnen,
für sich wahr. Wiegen Sie sich, und lieben Sie sich.
Dann können Liebe und Segen selbstverständlich
von Ihnen zu anderen strömen.

Von der Selbstliebe zur Nächstenliebe

Namaste, das Göttliche in mir
grüßt und ehrt das Göttliche in dir.
(indischer Gruß)

Nehmen Sie sich vor, jeden, der Ihnen heute begegnet, mit einem Namaste zu grüßen. Fühlen Sie das göttliche Wesen, den ewigen Funken in sich selbst und den ewigen Funken in Ihrem Gegenüber. Sagen Sie dann im Stillen: »Das Göttliche in mir grüßt und ehrt das Göttliche in dir.« Fühlen Sie diese Verbindung, diese besondere Begegnung in der Stille, von Ewigkeit zur Ewigkeit.

Machen Sie sich bewusst: Keiner von uns hat sich selbst erschaffen, wir sind alle aus dem gleichen Stoff gemacht. In allem leuchtet der göttliche Kern.

Oft entsteht nach einer solchen inneren Begrüßung und Haltung eine tiefere und wahrhaftigere Begegnung. Probieren Sie es aus.

Die Macht der Segnung

Das Gegenteil von Segnen ist Fluchen.
Wer fluchen kann, der kann auch segnen!

Wie oft fluchen wir, wenn eine Sache nicht so läuft, wie wir uns das vorstellen? Wie oft segnen wir eine Sache, auch wenn sie nicht so läuft, wie wir es uns vorstellen? Die Wahrscheinlichkeit ist groß, dass uns Fluchen, Schimpfen und Ärgern oft näher sind als Segnen, weil wir das Segnen vielleicht bisher nicht im Fokus hatten und es hauptsächlich mit religiösen Handlungen assoziiert haben. Segnen und Fluchen gehören zusammen. Nehmen Sie wieder Besitz von Ihrem gesamten Handlungsspielraum. Jeder Fluch hebt einen Segen auf, und jeder Segen kann einen Fluch aufheben.

Ein kleiner Segenstest

Fühlen Sie sich in Ihrem Leben gesegnet? Stellen Sie sich geistig eine Skala von 0 bis 100 % vor. 0 % ist das niedrigste Maß, 100 % das höchste. Welche Zahl kommt Ihnen in den Sinn? Wenn die Zahl niedriger als 100 % ist, gibt es noch Handlungsbedarf im Bereich Segen. Lassen Sie den Segen so lange fließen, bis der Anzeiger in Ihrer Vorstellung auf 100 % steht. Üben Sie dies täglich. Sie werden nach einiger Zeit einen Unterschied in Ihrer Lebensqualität bemerken. Sie sind gesegnet und geliebt, auch wenn Ihnen der Schleier der Illusion anderes vorgaukelt.

Wie wäre es, wenn wir das, was nicht so läuft, wie wir uns das vorstellen, ab jetzt immer segnen, in der Gewissheit, dass es Kräfte außerhalb unseres Sichtfeldes gibt, die es gut mit uns meinen und Besseres mit uns vorhaben? Fangen wir hier und jetzt gleich an, uns auf den Segen einzustimmen. Wenn wir etwas verloren haben, uns verletzt fühlen oder aus unserer Mitte geraten sind, regen wir uns oft furchtbar darüber auf. Oft verschlimmern wir dadurch die Situation.

Sobald Sie merken, dass Sie Ihre Mitte verlieren, ziehen Sie sich zurück. Machen Sie sich bewusst, dass Sie ein geistiges Wesen sind, das eine menschliche Erfahrung macht, und dass alles, was geschieht, zuerst im Geist beginnt, bevor es sich materialisiert. Nun atmen Sie tief in sich hinein. Laden Sie sich mit Licht auf, fühlen Sie, wie Sie sich beruhigen. Spüren Sie, wie Sie wieder zurück in Ihre Mitte kommen. Stellen Sie sich vor, wie Sie in Ihre Mitte zurückgehen und wie Ihr Energiefeld sich wieder aufbaut. Reinigen Sie es, oder glätten Sie es dort, wo Sie getroffen worden sind, sodass es wieder strahlt. Sie können dazu auch Ihre Hände nehmen und die Stellen tatsächlich lösen und begradigen. Dann konzentrieren Sie sich auf das, was Sie wollen.

Im Folgenden finden Sie vier kleine segensvolle Übungen für den Alltag:

Wenn etwas verloren gegangen ist:

Wenn ich der verlorene Gegenstand wäre,
wo würde ich mich aufhalten?

Alles ist schwingende, pulsierende, geistige Energie. Stimmen Sie sich auf den Gegenstand ein, der im Moment nicht auffindbar ist. Machen Sie sich bewusst, dass in diesem Universum nichts verloren gehen kann und dass es in erster Linie geistig und veränderbar ist. Stellen Sie sich den Gegenstand so intensiv wie möglich vor.

Wie sieht er aus, wie fühlt er sich an, wie wird es sich anfühlen, wenn er wieder da ist? Wie geht es Ihnen? Was fühlen Sie? Versetzen Sie sich in den Gegenstand hinein. Wenn Sie der Gegenstand wären, wo würden Sie sich aufhalten?

Sehen Sie den Gegenstand, schmecken Sie ihn, hören Sie ihn. Stellen Sie sich vor, dass Sie ihn wiedergefunden haben. Halten Sie dieses Bild so intensiv wie möglich für fünf Minuten fest. Hüllen Sie den Gegenstand in goldenes Segenslicht. Erinnern Sie sich, dass es in Ihnen eine Instanz gibt, die alles weiß, und bitten Sie sie, dass sie Ihnen eine Freude macht. Das ist alles. Dann lassen Sie los.

Wenn Sie in Unfrieden mit einer Person sind:

Nehmen Sie sich jetzt fünf Minuten Zeit. Schalten Sie Ihr Handy aus, begeben Sie sich an einen Ort, an dem Sie für ein paar Minuten Ruhe finden. Atmen Sie tief ein und aus, und fühlen Sie, wie Sie mit jedem Atemzug mehr und mehr zu sich selbst kommen. Atmen Sie verbrauchte Energie aus und frische Energie ein. Nun visualisieren Sie die Situation, in der Sie sich gerade befinden, oder den Menschen, mit dem Sie in Unfrieden sind. Sagen Sie zu sich selbst: »Friede sei mit dir. Segen fließt in diese Situation.« Sie werden sofort eine Veränderung in der Energie fühlen. Wiederholen Sie diese Sätze mehrmals. Ihre Gefühle beruhigen sich, Frieden kehrt ein. Ihr Gehirn verknüpft in diesem Augenblick die ärgerliche Situation mit dieser speziellen Energie, die mit friedlichen Gefühlen verbunden ist.

Diese kurzen Sätze sind bereits milliardenfach in der ganzen Welt gesprochen worden und im morphogenetischen Feld gespeichert. Sie klinken sich in ein friedvolles, heiteres Resonanzmuster ein und können diese Wirkung augenblicklich weitergeben. Erlauben Sie der unbegrenzten positiven Kraft der Schöpfung, für Sie zu wirken, und erwarten Sie Wunder. Vielleicht steigt ein vollkommenes Bild der Situation auf. Halten Sie dieses Bild einen Moment lang fest. Probieren Sie es aus!

Bei schwierigen Angelegenheiten:

Wenn Sie sich einer schwierigen Angelegenheit gegenübersehen, verwenden Sie das Segensbild auf den ersten Seiten, und legen Sie Ihre Hand darauf. Stimmen Sie sich auf den Segen ein. Lassen Sie so viel Segen, wie es Ihnen möglich ist, in alle Aspekte der Situation fließen. Bitten Sie Tausende Engel auf alle Lücken, Risse und Löcher, sodass sie jetzt heilen können. Nun lassen Sie aus Ihrer Tiefe ein vollkommenes oder heilsames Bild, einen Impuls oder Gedanken entstehen. Was wäre die vollkommene Lösung in dieser Situation? Wie eine Wasserblase, die sich aus der Tiefe des Ozeans erhebt, steigt dieser vollkommene Impuls, dieser Gedanke, dieses Bild auf. Warten Sie eine Zeit lang, bis das vollkommene Bild entsteht, der Impuls kommt. Atmen Sie tief ein, und halten Sie den Impuls für einen Moment fest. Wie fühlt er sich an? Wie ist es, in diesem vollkommenen Bild zu sein? Lassen Sie dann los. Es ist geschehen, denn Sie sind Gottes Licht in Tätigkeit.

Wenn jemand in Schwierigkeiten steckt:

Zünden Sie eine Kerze für diese Person an. Schauen Sie in das Kerzenlicht. Es erinnert Sie an die ewige Flamme in Ihnen, Ihr geistiges ewiges Sein. Nun senden Sie dieses Segenslicht zu der Person, die in Schwierigkeiten steckt. Fühlen Sie Ihre fünfte Kammer im Herzen, vielleicht entsteht dort eine bestimmte Farbe. Lassen Sie Segen und Frieden hineinströmen. Möglicherweise fühlen Sie, wie sich das Feld beruhigt. Nun lassen Sie ebenfalls ein vollkommenes Bild, eine vollkommene Lösung aufsteigen, wie eine Wasserblase, die aus der Tiefe des Ozeans emporsteigt. Halten Sie dieses Bild so intensiv, wie es Ihnen möglich ist, für einen Moment fest. Wenn beispielsweise jemand krank ist, stellen Sie sich vor, wie er Sie anruft und Ihnen sagt, dass es ihm wieder besser geht. Dieses Bild geht in das Quantenfeld als Möglichkeit ein. Die Person kann diese Möglichkeit jetzt in Anspruch nehmen. Die Wirkung, die ich am eigenen Leib schon oft erfahren habe, ist erstaunlich. Wenn Sie mögen, können Sie an Ihr Bücherregal gehen, ein Buch herausziehen, eine Seite aufschlagen und den ersten Satz, der Ihnen ins Auge fällt, lesen, oder Sie können zusätzlich noch eine Karte ziehen. Achten Sie auch auf Zeichen am Wegesrand, Botschaften auf Plakatwänden, aus dem Radio, auf Autos, ..., die Sie in der Wirkung Ihrer Segnung bestätigen. Wiederholen Sie diese Übung mehrfach. Jeder Segen, den wir in Gedanken, Worten und Gesten aussenden, hilft.

Geistige Wesen wie Engel verstärken den Segen. Sie können sie hinzubitten. Nun haben Sie die ersten Schritte in Richtung Segnen gemacht.

Was bedeutet segnen?

Segnen stammt von dem lateinischen Wort »signare« ab und bedeutet »mit einem Zeichen versehen«. In der Religion ist es eine wohlmeinende Formel oder ein Gebet. In unseren Breiten verstehen wir unter einem Segen die Bitte um göttlichen Schutz für jemanden oder etwas. Segen kommt von einer höheren Instanz, aus einer hohen geistigen Dimension. Durch den Segen bekommt eine Person, eine Sache Anteil an der »göttlichen Lichtkraft«, die das gesamte Universum durchzieht. Im Alltag und in unserer Sprache verstecken sich überall Segensformeln, wie z. B. die Kreidezeichen am Dreikönigstag. Sie sollen das Haus und seine Bewohner segnen. Auch der Spruch »Toi, toi, toi, ich wünsche dir Glück und Segen«, Kinderreime wie »Heile, heile Segen, drei Tage Regen ...«, das Klopfen auf Holz, Sätze wie »Du schaffst es« oder »Das wird schon« sind Worte des Segnens, die das Gute und Glück herbeizaubern sollen. Viele Begrüßungsformeln weltweit enthalten Segen: Das indische »Namaste« (»Das Göttliche in mir grüßt und ehrt das Göttliche in dir«), das südamerikanische »In Lake'ch« (»Ich bin ein anderes Du-Selbst«), das hawaiianische »Aloha« (»Mögen wir die Liebe

miteinander teilen«), die Maori-Begrüßung »Tenã koe« (»Hallo, danke«), das amerikanische »God bless America« (»Gott schütze Amerika«), das deutsche »Grüß Gott«, …
Jeder Mensch kann Segen ausstrahlen, Segen geben und durch Segen eine verfahrene Situation entspannen. Segen setzt ungeahnte positive Kräfte frei. Wer segnet, schenkt Wohlwollen, Liebe, Freude, Inspiration und Energie und befreit seine Mitmenschen von Flüchen und von Bindungen. Segen macht uns frei.

Achten Sie auf den Segen in Ihrem Leben.
Wer segnet, der wird gesegnet.

Etwas zu segnen bedeutet, potenziell Gutes durch Worte, Bilder, Gesten und Taten zu bekräftigen und das, was gesegnet wird, mit Licht zu versiegeln. Der Segen lässt die Zellstrukturen aller Lebewesen aufleuchten und verleiht ihnen Schönheit und Vitalität. Wir bringen mit dieser Geste Licht in die Welt und laden Energiefelder auf. Alles, was wir geben, kommt vielfach zu uns zurück. Der Segen kann mit Gesten verbunden werden, wie dem Auflegen, Ausbreiten oder Öffnen der Hände, damit der Strom der Liebe in die Dinge hineinfließen kann.

Wir finden viele Hinweise in der Bibel, in denen Gott uns segnet und uns Gutes zukommen lässt. Segen und Segensformeln lassen sich auf dieser Welt in allen Kulturen und zu allen Zeiten finden und stellen eine Möglichkeit dar, Kräfte zu erlösen, die Lichtkraft in den Dingen wiederherzustellen und von einer höheren Kraft getragen zu werden. Durch die Ausführung eines Segens ist es uns möglich, Flüche zu lösen, frei zu werden und die Energie wieder in den Fluss zu bringen. Viele Dinge laufen einfach nicht optimal, weil der Segen fehlt. Deshalb ist es nie verkehrt, heilsame Worte für einen Menschen, einen Gegenstand, einen Ort oder ein Vorhaben zu sprechen.

Um dies noch zu verdeutlichen, möchte ich etwas weiter ausholen. Jeder Gedanke und jedes Wort ist nicht nur eindimensional, wie wir annehmen. Sprechen wir ein Wort bewusst aus und lassen es wirken, stellen wir fest, dass es eine Form bildet, Muster und Wellen aussendet. Angenehme Worte, die mit dem Herzen gesprochen werden und mit positiven Gefühlen geladen sind, senden angenehme, wohlwollende, lichtvolle Muster und Wellen aus. Sie erhöhen unser Energiefeld, inspirieren und stärken uns und verbinden uns mit dem universellen Feld. Negative Worte, geladen mit unangenehmen Gefühlen, erschaffen Formen, die uns schwächen. Sie können zuweilen messerscharf sein, sich wie ein spitzer Pfeil anfühlen. Sie verursachen Kälte, Schmerz und Enge. Es liegt an uns, diese Worte und Gedankenformeln wieder umzuwandeln und zurück in den Flow zu kommen.

Probieren Sie es aus: Nehmen Sie sich einen Augenblick Zeit. Schließen Sie Ihre Augen. Denken Sie an ein angenehmes Wort, oder sprechen Sie es aus, wie *Segen*, *Liebe* oder *Frieden*.

Wie riecht dieses Wort?
Wie schmeckt es?
Wie fühlt es sich an?
Welche Farben hat es?
Welche Muster und Energiewellen erzeugt es?
Welche Bilder verbinden Sie mit diesem Wort?
Welchen Klang sendet es in die Welt?

Lassen Sie sich Zeit. Nun denken Sie an ein unangenehmes Wort, oder sprechen Sie es aus, wie *Wut*, *Zorn*, *Ärger*, *Angst*, … Beobachten Sie, welche Formen daraus entstehen.

Wie riecht dieses Wort?
Wie schmeckt es?
Wie fühlt es sich an?
Welche Farben hat es?
Welche Muster und Energiewellen erzeugt es?
Welche Bilder verbinden Sie mit diesem Wort?
Welchen Klang sendet es in die Welt?

Nun schauen Sie, welchen Klang, welches positive Wort es braucht, damit die erzeugte negative Energie wieder aufgelöst werden kann und der geistige Raum sich klären kann. Worte sind schöpferische, geistige Kräfte, die Auswirkungen auf die Energie haben. Sie wirken auf das Feld, das Sie umgibt, ein. Sie können einen Missklang erzeugen oder aber Segen. Achten Sie eine Zeit lang auf die geistigen Formen hinter den Worten, und Ihnen wird schnell klar werden, was Segen im Leben bewirken kann.
Mit jedem Wort nehmen wir Einfluss auf unsere Umgebung, und durch Segen können wir dies auf eine sehr positive Weise tun. Das Ziel ist es, die Energie zu erhöhen beziehungsweise ein positives Feld aufzubauen, das Gutes für den Ort, das Projekt und die Menschen anzieht sowie ein kraftvolles Schwingungs- und Resonanzfeld erschafft. Alles, was uns begegnet, können wir laut oder im Stillen segnen. Wichtig dabei ist, dass wir die Worte aus der Tiefe unseres Herzens sprechen oder die Bilder des Segens still festhalten. Wir können die Engel und geistigen Wesen bitten, uns beim Segnen zu unterstützen. Wir können auch bestimmte Gesten und Haltungen einnehmen, um den Strom des Segens zu verstärken. Probieren Sie es aus! Wir können den Segen in alles, was wir tun, fließen lassen.

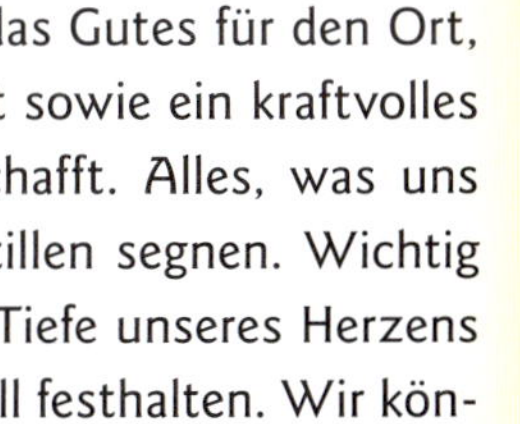

Sprechen Sie zu sich selbst:
»Ich nehme die Situation an und segne sie.«
Segnen Sie einen Tag lang alles, was Ihnen begegnet.
Segnen bedeutet: Gutes säen – Gutes ernten!

Segen in der Geschichte der Menschheit

Segen ist zu allen Zeiten ein Grundbedürfnis aller Menschen. Segen ist eine göttliche Zuwendung, eine Zuwendung aus einer Ebene, die weder hinterfragt noch eingeschränkt werden kann. Segen heißt innere Wärme und Geborgenheit in einer wohltuenden höheren Ordnung und Harmonie, die aus einer übergeordneten, umfassenden Kraft kommt, in die wir alle gebettet sind. Der Segen trägt uns und lässt uns über uns selbst hinauswachsen. Wenn wir diesen Segen fühlen, können wir unsere Bestimmung zu 100 % erfüllen.

Fühlen Sie sich geehrt und gesegnet, denn Sie sind ein gewolltes Kind Gottes. In Ihnen ist alles, was Sie brauchen, um Ihren Plan für diese Welt segensvoll zu erfüllen. Der Segen kommt aus der Mitte des Seins, des ewigen Lichts, das in allem strahlt. Er ist eine Quelle der unbegrenzten Kraft im Inneren. Jedes »Lichtwesen« spendet Ihnen jederzeit Segen.

In unseren Breiten ist der Segen sehr an die christlichen Riten gebunden. Wenn wir unseren Blick jedoch auf andere Zeitepochen und andere Kulturen richten, werden wir weltweit die unterschiedlichsten Segenshandlungen, -formeln und -gesten finden und bemerken, dass der Segen unsichtbar oder sichtbar in allem wohnt. Der Segen ist nicht begrenzt. Er ist die unbegrenzte Kraft, die aus höheren Dimensionen in unser Leben strömt, wenn wir unser Herz weit öffnen und uns darauf ausrichten.

Es folgen einige Beispiele aus den Kulturen dieser Welt und der Geschichte der Menschheit. Ich gebe hier mit eigenen Worten wieder, was ich erfahren und gelesen habe.

Segen aus der Sicht der Aborigines

Die Aborigines sagen, dass alle Menschen Geister sind, die diese Welt – die sie als Traumzeit bezeichnen – nur für eine bestimmte Zeit besuchen. Alle Geister sind ewige, unsterbliche Wesen. Alle Begegnungen mit anderen Menschen sind Energieerfahrungen, alle Erfahrungen sind ewige Verbindungen. Die Aborigines schließen den Kreis einer jeden Erfahrung. Sie bringen alles zu einem Abschluss. Wenn sie sich von einem Menschen trennen und in ihrem Herzen noch Wut oder Groll gegen ihn wohnt, wird sich diese Erfahrung später in ihrem Leben wiederholen, so lange, bis sie etwas gelernt haben und diesen Kreis vollenden. Es ist gut, für eine Erfahrung zu danken, sie zu segnen, damit man in Frieden weitergehen kann.

Segen der nordamerikanischen und südamerikanischen indigenen Stämme

Heiliges Element Feuer, ich gebe dir dankend Tabak. Ich lege ihn in deine Glut, so wie du mich auf der inneren Ebene gelehrt hast, dich zu segnen. Ich möchte dir für dein wärmendes, loderndes, lösendes heiliges Licht danken. Ich bete für einen kranken Menschen. Er möchte leben. Hülle ihn in deine heilsamen Flammen ein, damit die Krankheit sich vollständig auflösen kann und die Leuchtkraft der Zellen zurückkehrt. Segne ihn mit deiner Kraft!

(Schwitzhüttengebet, frei wiedergegeben)

Aus vielen Gebeten, Zeremonien, Ritualen, Tänzen und Anrufungen der nordamerikanischen und südamerikanischen indigenen Stämme geht hervor, dass die Natur mit all ihren Elementen und Kräften ein wahrer Segensschatz ist, den man jederzeit bitten kann, Energie, Medizin, Kraft, … zu spenden. Die Erde, die Sonne, der Mond, die Steine und Felsen, die Bäume, die Pflanzen, die Tiere, die Mineralien und die Elemente können uns ihren Segen übertragen. Wir können die Kräfte der Erde und des Kosmos segnen und achten und damit ihre segensvolle Wirkung auf unser Leben verstärken. Wir sind mit allem verbunden, und alles birgt einen Segen in sich. Wir können uns mit den segensvollen Kräften der Natur verbinden, um Heilung, Freiheit und Erlösung zu bewirken und uns wieder mit allem verbunden zu fühlen, auch

mit unseren Schwestern und Brüdern aus anderen Reichen (Tierreiche, Pflanzenreiche, ...).
Viele Naturwesen und Kräfte, die in der Natur wohnen, wie die Feen, Baumwesen, Elfen und Zwerge, spenden denen, die gut mit ihnen umgehen, ihren Segen, ihren Schutz und ihre Kraft. Sie offenbaren uns Kräuter und ihre Heilwirkungen, Segensrituale und vieles mehr.
Schauen Sie sich in der Natur um. Bemerken Sie den Segen, den die Natur uns täglich spendet. Beginnen Sie mit den Quellen, aus denen unser Wasser sprudelt, den Pflanzen, die uns Nahrung spenden, den Elementen, die uns erneuern, erfrischen, uns Halt und Stabilität geben, uns reinigen und nähren, den Tieren, die uns ihre Kraft übertragen und uns ihre Haut und ihr Fell geben, damit wir nicht frieren.
Wenn wir beginnen, die Natur zu segnen, erkennen wir ihre wahre Kraft und alles, was sie uns in Hülle und Fülle zur Verfügung stellt. Das Fülle-Prinzip in der Natur beträgt 1:100. Ein Samen kann 100 Blüten und Früchte hervorbringen. Eine 1:1-Rechnung wie bei uns Menschen, nach der jeder so viel bekommt, wie er gibt, weil wir meinen, es sei sonst nicht genug da, gibt es in der Natur nicht. Die Natur erneuert und verströmt sich immer und immer wieder in einer unendlichen Fülle und Schönheit. Öffnen Sie sich für den Segen und die Fülle der Natur, und erlauben Sie, dass dieser Strom jetzt in Ihr Leben fließt. Geben Sie, und Ihnen wird gegeben.

Segen der Güte und des Wohlwollens im Buddhismus

Für einen selbst:
Möge es mir wohlergehen.
Für andere Wesen:
Möge es allen Wesen wohlergehen.
Für einen selbst und alle anderen: Möge es mir und allen Wesen wohlergehen.
(bekannte buddhistische Segensformel, die nach vielen Meditationen gesprochen wird)

Im Buddhismus finden wir viele Segensformeln, Reinigungs- und Segensmeditationen für uns selbst, für die Welt und für alle Lebewesen. Es gibt viele Buddhas (Medizinbuddha, Buddha des Mitgefühls, Grüne Tara, Weiße Tara, ...) für alle möglichen Bereiche, die mit unterschiedlichen Segensgesten dargestellt und mit speziellen Kräften verbunden werden. Sie strömen ihren Segen aus, damit wir diesen Segen durch den »Buddha in uns« in die Welt geben können und so zu Glück, Frieden und zur Befreiung von uns selbst und allen Wesen beitragen können und die Schwingung des Friedens hier auf Erden verankern können. Frieden, Segen und Liebe beginnen in uns selbst.

Segen in der Bhagavad Gita

In der Bhagavad Gita, den heiligen Schriften des Hinduismus, finden wir ebenfalls viele Hinweise auf Segen. Hier wird beschrieben, dass Arjuna jederzeit göttliche Gnade und Segen spendet. Es wird sogar erwähnt, dass unsere Seele Segen ist, was wiederum auf unser höheres ewig segnendes Wesen hinweist.

Segen im Hinduismus

Darshan – Segen bedeutet nach Hause kommen!

Die Segensausschüttung im Hinduismus nennt sich Darshan. Darshan ist die Begegnung mit dem Göttlichen. Das Feuer Agni verbindet Himmel und Erde und öffnet das Herz, sodass der Strom des Segens in die Seele fließt. Darshan wird oft von einer Meisterin/einem Meister an die Schüler gegeben. Meisterinnen/Meister des Darshan sind etwa Mutter Meera und Amma.
Menschen, die sich für Darshan öffnen, erfahren diesen Segen und mehren ihn in ihrem Leben und den Leben aller, mit denen sie sichtbar und unsichtbar verbunden sind.

Irischer Segen

Der irische Segen, der keltische Elemente mit christlichen Motiven verbindet, ist weltweit bekannt. Irische Segenswünsche sind voller Weisheit und Poesie, zum Beispiel:

Mögen alle deine Himmel blau sein,
mögen alle deine Träume wahr werden,
mögen alle deine Freunde wahrhaft wahre Freunde
und alle deine Freuden vollkommen sein,
mögen Glück und Lachen alle deine Tage ausfüllen –
heute und immerzu ja, mögen sich alle deine Träume
erfüllen.

Gott, segne jeden Schritt, den ich mache,
und segne den Grund unter meinen Füßen.

Mögest du warme Worte an einem kalten Abend haben,
Vollmond in einer dunklen Nacht
und eine sanfte Straße auf dem Weg nach Hause.

Segen im Alten und im Neuen Testament

Jeder, der schon einmal einen Gottesdienst besucht hat, weiß, dass dieser immer mit dem Segen des Herrn endet, dessen Angesicht über uns leuchtet, uns behütet und uns Frieden schenkt. Im Alten Testament bedeutet »segnen« (hebräisch »barach«) »mit heilvoller Kraft begaben«. Im Segen ist der Frieden enthalten. Jeder Mensch kann segnen, Segen sprechen oder senden. Das Alte und das Neue Testament sind voller Geschichten und Gleichnisse des Segens. In der Kirche ist die Hauptaufgabe der Geistlichen Gottes Segen zu geben. Das Weihwasser, die Geste des Kreuzes und die segnenden

Hände verstärken die Segensworte der Geistlichen. Viele Gebete, Psalme und Anrufungen sowohl in der katholischen als auch der evangelischen Kirche sind Segensformeln. Viele Heilige und Engel werden segnend dargestellt.

Kuan Yin, der Bodhisattva des Mitgefühls und der Gnade

In Ostasien finden wir ebenfalls viele Figuren und Geschichten, die sich um den Segen aus höheren Welten drehen. Eine der meist verehrten Figuren und der beliebtesten Gottheiten ist Kuan Yin. Es gibt unzählige Mantren, Sutras und Rituale, um sie anzurufen, damit sie Gnade und Segen gewährt, und es gibt unzählige Wundergeschichten über ihre Macht, ihren Segen und ihre Heilkraft. Sie wird mit unterschiedlichen Segensgesten dargestellt, mit denen sie Nektar aus den höchsten Welten in das Leben der Menschen fließen lässt, die sie anrufen.

Segen im Islam

Im Islam finden sich ebenfalls unzählige Segnungen und Segenssprüche für die Gläubigen, und bei Versammlungen werden der Frieden und der Segen Allahs gespendet.

Dies war nur ein sehr kleiner Auszug aus den zahlreichen Segensformeln, die es zu jeder Zeit gegeben hat und gibt. Diese Liste ließe sich endlos fortsetzen. Der Segen war zu allen Zeiten ein unabdingbares Werkzeug, um eine Bestimmung zu vollenden. Schauen wir auf die Mythen, Sagen und Märchen, so finden wir auch hier unzählige Geschichten über Ereignisse, die durch die Segnung anderer Menschen, Ahnen, Naturkräfte, höherer Mächte und Gottheiten lichtvoll zu Ende gebracht werden konnten. Nicht gut ausgegangen sind die Geschichten nur dann, wenn der Segen fehlte und der Mensch sich nicht mit höheren Ebenen abgeglichen hat und Botschaften der Geistigen Welt ignorierte. Es lohnt sich, den Segen in das Leben einzuladen, sich täglich mit dieser wundervollen Energie zu verbinden und auf die Zeichen feinstofflicher Welten zu achten.

Man kann jederzeit Segen spenden, da er aus dem innersten Leuchten eines jeden Wesens entspringt. Auf dem Weg der Meisterschaft ist das Segnen eine der wichtigsten Handlungen.

PRAKTISCHER TEIL

Selbstermächtigung und Segen

Alles ist eins – alles ist mit allem verbunden.

Realität ist ewig schwingende, fließende Energie. Es gibt keine feste Realität. Der Mensch besteht aus Zellen, Zellen aus Molekülen, Moleküle aus Atomen. Wir sind eine Anhäufung schwingender Energie. Sie ist immer in Bewegung, sie fließt und verändert sich ständig. Unsere Zellen sterben ab und erneuern sich immer und immer wieder, ohne dass wir etwas dafür tun müssen. Bewusstsein wohnt in jeder lebendigen Zelle. Wir gehen nun in eine Ebene, die mit dem Verstand nicht erklärbar ist und weit über ihn hinausgeht. Man kann nicht erklären, was in diesem Quanten-Bewusstseinsfeld wirklich passiert. Durch das Ausschalten des Verstandes öffnen sich weitere Ebenen. Einige nennen es Quantenebenen, höhere Bewusstseinsebenen, Gott, Himmel, … wie auch immer. In diesem Feld sind alle Energien allzeit gegenwärtig. Wir zapfen das lebendig schwingende Bewusstsein an und erlauben, dass eine Welle des Segens aus den höchsten Ebenen in unser Leben strömt.

Anleitung zum Segnen

Nehmen Sie sich etwas Zeit, stellen Sie sich meditative Musik an, die Sie als Segen empfinden. Schaffen Sie sich einen Raum, in dem Sie sich entspannen und einfach sein können. Lesen Sie sich die Anleitung zuerst einmal ganz durch, und führen Sie sie dann Schritt für Schritt aus.

Legen Sie Ihre Hände auf Ihr Herz. Fühlen Sie Ihr Selbst, das ewige Licht in Ihnen.

Senden Sie ihm Wertschätzung und Liebe. Erlauben Sie Ihrem Selbst, sich auszudehnen und sich in seine ganze Größe und Kraft zu erheben. Versprechen Sie Ihrem Selbst, dass Sie ihm ab jetzt vertrauen und auf es hören wollen, und halten Sie dieses Versprechen. Nun machen Sie sich bewusst: »Ich bin ein geistiges Wesen, das eine menschliche Erfahrung macht. Als geistiges Wesen habe ich Zugang zu dem unbegrenzten geistigen Raum und zu Dimensionen, die mir heute noch nicht bewusst sind.« Öffnen Sie sich für die Segensenergie. Segen kommt aus höheren ewigen Dimensionen. Stellen Sie sich auf Segen ein – so wie Sie ein Radio auf eine gewünschte Frequenz einstellen. Wenn Sie den Segen fühlen, sich ganz auf den Segen eingeschwungen haben, nehmen Sie Ihre Hände öffnend und empfangend nach oben. Fühlen Sie, wie die Segensenergie aus dem unendlichen Raum auf Ihre Hände trifft. Vielleicht nehmen Sie ein Kribbeln oder Wärme wahr. Vielleicht beginnt Ihr Körper zu schwanken. Vielleicht nehmen Sie Licht oder eine besondere Farbe oder Form wahr. Vielleicht hören Sie eine bestimmte Schwingung. Vielleicht wissen Sie einfach, dass diese Energie eben auf Ihre Hände getroffen ist. Jeder von uns hat verschiedene Wahrnehmungskanäle mit unterschiedlichen Ausprägungen. Öffnen Sie sich für Ihren Kanal. Wenn Sie die Welle des Segens aus dem ewigen Raum fühlen, so ziehen Sie die Hände langsam links und rechts am Körper hinunter, und fühlen Sie, wie diese Welle in Ihr Feld strömt. Für Sie gibt es dabei nichts zu tun, außer auf Ihre Handflächen fokussiert zu bleiben und die Energie zu leiten. Sie können dazu folgende Worte sprechen:

»Möge der goldene Regen des Segens durch mich fließen« – spüren Sie so intensiv wie möglich, wie diese Welle jede Ihrer Zellen und jedes Ihrer Atome durchströmt – »und in alles hineinfließen, womit ich sichtbar und unsichtbar verbunden bin.«

Nehmen Sie Ihre Hände zu Segensgesten vor den Körper, und strahlen Sie den Segen aus. Vielleicht kommen Ihnen Orte, Menschen, Tiere, … in den Sinn, die diesen Segen benötigen. Lassen Sie den Segen einfach ausströmen. Fühlen Sie, wie Blockaden sich lösen, Licht in die Situationen strömt, Engel Ihr Segenslicht verstärken, wie die Energie frei wird und wieder fließt.

Es gibt zwei Varianten:

- **Lassen Sie den Segen überall dorthin fließen, wo er gebraucht wird,** z. B. in Ihre Körperzellen, in Ihr Zuhause, zu Ihren Mitmenschen, zu Tieren, zu Plätzen, an Ihren Arbeitsplatz, ….

  Wenn Sie Lücken und Löcher wahrnehmen, so bitten Sie unzählige Engel darauf, damit Heilung geschehen kann. Fühlen Sie, wie dieser Segen die Energie umwandelt und zum Fließen bringt.

  Wie fühlen Sie sich danach?

- **Lassen Sie den Segen zu den Personen und Dingen fließen, die schon gesegnet sind,** z. B. zu Ihrer geistigen Führung, den Engeln, Meistern, Krafttieren. In jede Ihrer Zellen, die gesund ist und lacht. Zu allen Quellen dieser Erde, die Trinkwasser spenden. Zu allen Bäumen, Feldern und Früchten, die Nahrung spenden. Zu allen Plätzen, die vor Kraft und Energie leuchten. Zu allen Menschen, die glücklich auf diesem Planeten leben. Zu all denen, die glücklich und erfüllt ihre Bestimmung in einer Partnerschaft mit Kindern leben. In alle Häuser, in denen man glücklich leben kann. Überall dorthin, wo Sie Heilungs- und Regenerationskräfte wahrnehmen – sei es die Geistige Welt, die Natur, Menschen, Tiere, Pflanzen, … Zu all denen, die erfolgreich heilend auf diesem Planeten tätig sind. Zu allen Menschen und Tieren, die sich selbst geheilt haben. In alle neuen Heilmethoden, die es auf diesem Planeten gibt. In alles, was intelligent ist. Überall dorthin, wo Sie die Weisheit und das wahre Wissen in dieser Welt fühlen können. In alle Menschen, die höhere Ebenen des Bewusstseins bereits vollständig leben. Überall dorthin, wo Sie die Schöpferkraft fühlen können. In alles, was Ihr Herz weit geöffnet hat und aus dem Herzen lebt. In alles Geld dieser Erde, das im Umlauf ist. Zu allen Menschen, die frei, bewusst und reich leben. Segnen Sie alle Menschen, die so leben, wie Sie leben möchten.

Fühlen Sie den Unterschied der zwei Varianten. Beide Varianten sind gut und miteinander verknüpfbar. Die zweite Variante des Segens macht Ihrem KU (Unterbewusstsein) klar, dass alles schon im Überfluss vorhanden ist, dass alles möglich ist und dass Sie es auch erreichen können. Senken Sie zum Schluss Ihre Hände Richtung Boden. Fühlen Sie die Erde unter sich. Wo immer Sie sind, es gibt nur eine Erde. Sprechen Sie: »Zum Segen und zur Ehre der gesamten Schöpfung.«

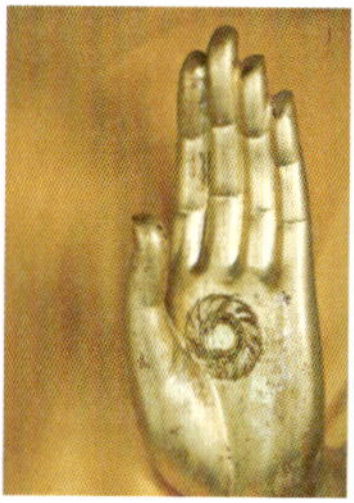

Segensgesten und Segenshaltungen

Hier möchte ich anhand von Bildern die unterschiedlichsten Segensgesten darstellen.

Nehmen Sie die Haltungen auf den Bildern ein. Vielleicht spüren Sie die feinstofflichen Ströme, die durch bestimmte Haltungen und Gesten gelenkt werden. Segensgesten verstärken die Segensabsicht und den Strom des Segens. Probieren Sie die Segenshaltungen einfach aus.

Segenssymbole

Neben den Segensgesten gibt es auch Schutz- und Segenssymbole. Die bekanntesten Symbole in unseren Breitengraden sind:

- Weihwasser,
- das Kreuz, in allen möglichen Variationen,
- Kerzen,
- die Spirale,
- der Kreis,
- die Friedenstaube,
- der Regenbogen,
- geweihte Amulette und Talismane,
- Engel,
- Ringe,
- die Sonne, …

In anderen Kulturen finden wir beispielsweise:

- das Pentagramm,
- bestimmte Runen,
- Mineralien,
- Sterne,
- das Bindi,
- die Hand der Fatima,
- das Gottesauge, …

Wir können Amulette und Steine mit einem Segenssymbol versehen, sie segensvoll weihen oder einfach zum Schutz und Segen für andere verschenken. Wir können diese Symbole in unserer Vorstellung mit Licht in ein Feld hineinschreiben, um es zu segnen. Wir können Kräfte aus den geistigen Reichen, z. B. Engel, einladen, um einen Segen zu verstärken.

Laute und Klänge des Segens

OM: Das OM ist der Urklang des Universums. Wenn wir es tönen, reinigen wir uns und bringen uns mit anderen Ebenen des Universums in Gleichklang.

HAM: HAM ist in Hawaii die Silbe für Heilung und Wiederherstellung von Energiefeldern. Tönen Sie das HAM, und fühlen Sie, wie Ihr Energiefeld in dieser Schwingung vibriert. Senden Sie diese Schwingung an Körperstellen oder zu Menschen, die Heilung brauchen. Sie können sich zur Verstärkung geistige heilende Hände vorstellen, die bestimmte Stellen berühren und in Harmonie bringen.

Mantren: Mantren sind Sätze, die in einem Gesang immer und immer wiederholt werden. Viele Mantren dienen dazu, den Geist in höheren Bewusstseinszuständen zu halten und die positiven Inhalte der Worte in den Geist zu ergießen, sodass sie sich segensvoll auf unser Tun auswirken können. Mantren setzen spirituelle Energie frei und haben eine ähnliche Wirkung wie Gebete. Wir verbinden uns mit höheren Wesen, die ihren Segen über uns ausschütten. So gibt es bestimmte Mantren, die mit bestimmten Gottheiten verbunden sind (Grüne Tara, Weiße Tara, Lakshmi, Ganesha, …).
Wenn wir eine Zeit lang Mantren singen, fühlen wir uns beschwingt, glücklich und frei.

Segne, bis du lächelst.
Segne alles, was du dir wünschst.
Das ist alles.

Segen zu geben, zu segnen bedeutet, positive Qualitäten kraftvoll zu verstärken. Durch Anerkennung, Liebe, Würdigung, Dankbarkeit und Segen kann jeder sein Leben lichtvoll verändern. Da die Energie der Aufmerksamkeit folgt, richten Sie mit einem Segen die Energie auf das Gute, und es wird sich verstärken. Segen und Anerkennung, die wir sowohl uns selbst als auch anderen schenken, helfen allen. Ein Segen ist zum Wohle aller Beteiligten. Es gibt sehr viele Wege zu segnen. Wir können unsere natürlichen Fähigkeiten nutzen, um einen Segen zu spenden. Diese sind:

Das gesprochene Wort: Affirmationen, Aussagen, gute Wünsche, Bestätigungen
Unsere Vorstellungsgabe: Bilder, Erinnerungen, Fantasieren, Visualisieren
Positive Gefühle: Emotionen, Körperempfindungen, Sinneswahrnehmungen
Gesten und Bewegungen: Körperbewegungen, unser Gang, Körperhaltungen, Lächeln
Segensvolle Handlungen: Hilfsbereitschaft, Mitanpacken, liebevolle Berührungen, …

Lächeln Sie,
und die Welt wird zurücklächeln.

Hier ein paar Möglichkeiten, Segen zu spenden:

Gute Wünsche: »Mögest du allzeit Rückenwind haben«, »Mögest du viel Liebe erfahren«, »Möge mein Segen sich wie ein Lichtmantel um dich legen«.

Segensgebete: »Möge der goldene Regen des Segens durch dich fließen und in alles hineinströmen, womit du sichtbar und unsichtbar verbunden bist«, »Möge der Segen des Göttlichen zu ... (Name der Person) fließen.«

Meditation: Stellen Sie sich auf Segen ein. Meditieren Sie über den Segen. Was bedeutet für Sie Segen? Wo sind Sie gesegnet? In welchen Bereichen Ihres Lebens fühlen Sie Segen? Welche Bereiche können durch den Segen gestärkt und verändert werden?

Segnende Worte: »Möge meine Liebe dich einhüllen.«

Aufrichtiges Lob und positive Anerkennung: »Ich freue mich, dass du da bist«, »Es ist schön, dass es dich gibt«, »Ich schätze deine Aussage«, »Das ist dir wirklich gelungen«, »Die Farbe deines Kostüms ist wie für dich gemacht«, »Du bist ein echter Segen in meinem Leben«, »Ich war beeindruckt über die Aussage, die du gemacht hast, das hat mich sehr berührt«.

Dankbarkeit: Halten Sie Ausschau nach Gelegenheiten, wirklich von Herzen dankbar zu sein. Dankbar sein heißt, den Segen im Leben zu erkennen. Bringen Sie Ihre Dankbarkeit zum Ausdruck: »Danke für deine hilfreiche Hand«, »Ich danke dem ganzen Team für seinen Einsatz an diesem Projekt. Möge es für alle ein großer Segen werden«.

Symbolische Geschenke für das Gute im Leben: Wenn Ihnen etwas in den Sinn kommt, was zu jemandem passen oder worüber er sich freuen könnte, gehen Sie dem nach. Verschenken Sie eine Blume, die am Wegesrand steht. Lächeln Sie. Teilen Sie Ihre Schokolade. Es braucht nicht viel, um einen Menschen glücklich zu machen. Auch wenn es nur für einen Augenblick ist, so bleibt es doch für die Ewigkeit.

Bewunderung: Sprechen Sie aus, was Ihnen am anderen gefällt, was Sie anzieht und was Sie mögen: »Ich liebe dein Lachen«, »Du hast wunderschöne Hände, danke für diese sanfte Berührung, sie tut meiner Seele gut«. Geben Sie anderen mit anerkennenden Blicken und Gesten zu verstehen, dass Ihnen gefällt, was sie tun. Schreiben Sie sich auf, was

Sie an Ihren Mitmenschen aufrichtig schätzen. Lassen Sie es diese Menschen wissen.

Affirmationen: Affirmationen helfen uns, eine Schwingung aufrechtzuerhalten und uns in ein größeres Feld des Segens einzuklinken, besonders wenn wir Affirmationen verwenden, die vielerorts schon Tausende Male gesprochen worden sind, wie »Friede sei mit dir«, »Ich segne alles, was du tust«, »Mögen alle Lebewesen Glück erfahren«.

Sanfte, segnende Berührungen: »Mögen die Engel dich auf deinem Weg beschützen«. Berühren Sie die Dinge, die Sie segnen, liebevoll. Sie können sich dabei vorstellen, wie Licht oder segnende Lichtmuster aus Ihren Händen in das andere Feld einströmen.

Lichtvolle Gesten: »Ich zünde dir ein Licht an«, »Hier leuchtet ein Licht für dich, das dich heute segnet«.

Eine positive Erwartungshaltung: »Ich erwarte das Beste«, »Wir werden eine ganz besonders glückliche Reise haben«, »Wir werden gut geführt werden«, »Ich freue mich auf die positive Zusage«, »Alles ist gut«.

Vorstellungskraft: Stellen Sie sich vor, wie goldenes Licht die Person, die Sie segnen möchten, umhüllt oder die Engel das Feld für ein Gespräch auf beste Weise vorbereiten.

Kombinationen: Während Sie Worte des Segens sprechen, stellen Sie sich mit allen Sinnen so intensiv wie möglich vor, wie die Energie des Segens in eine Person oder an einen Ort auf Ihrem Weg fließt.

Segnen Sie alle Bereiche Ihres Lebens:

Sich selbst: Legen Sie die Hand auf Ihr Herz, fühlen Sie das ewige Licht in sich, Ihr einzigartiges Leuchten, die Kraft, die Sie hierher gebracht hat und vom ersten bis zum letzten Moment führt. Segnen Sie Ihr Selbst. Sprechen Sie zu sich: »Ich bin gesegnet. Ich vertraue meiner inneren Führung«. Segnen Sie alles, was für Selbstvertrauen steht, z. B. einen starken Baum, einen Felsen.

Ihren Körper: Danken Sie Ihren Organen. Lassen Sie über die Hände Segen in Ihren Körper fließen. Stellen Sie sich dabei vor, wie das Organ in diesem Licht gebadet wird, Blockaden sich lösen und die Energie wieder zu fließen beginnt. Segnen Sie besonders Ihr Herz. Stellen Sie sich vor, wie all die dunklen Stellen gereinigt werden und wie Ihr Herz in helles strahlendes Licht getaucht ist.

Aus eigener Erfahrung kann ich sagen: Segen heilt. Ich hatte im Alter von 17 Jahren einen Trümmerbruch am Fuß. Die Ärzte meinten, ich könnte nie wieder richtig laufen, geschweige denn Sport treiben. Ich druckte mir ein Bild von den Knochen meines Fußes aus, damit ich eine Vorstellung davon bekam, wie die Knochen im Fuß verlaufen müssen. Ich streichelte meinen Fuß jeden Tag, summte und sang für ihn und stellte mir vor, dass Licht in ihn hineinfließen würde und dass sich die Knochen wieder an ihre vollkommene Lage erinnern würden. Stellen Sie sich vor, der Fuß heilte wunderbar, und ich bin in keiner Weise beeinträchtigt. Segnen Sie alles, was mit Heilung, Schönheit, Verjüngung, ... zu tun hat.

Ihren Geist: Fühlen Sie alle Ihre lichtvollen Synapsen und Verbindungen. Segnen Sie alle Eingebungen, Geistesblitze, Freuden, glücklichen Momente, positiven Gedanken und vollkommenen Vorstellungen. Segnen Sie Ihre Visionen und Wünsche für sich selbst, Ihre Mitmenschen und diese Welt. Fühlen Sie, wie Ihr Geist strahlender, heller und kraftvoller wird und Ihnen neue Eingebungen, Impulse und Kräfte bringt.

Ihre Kinder: Jeder Gedanke, jede Energie kommt bei anderen an. Wenn wir uns ständig Sorgen machen und unsicher sind, so übertragen wir das auf unsere Kinder. Nehmen Sie sich bewusst Zeit. Konzentrieren Sie sich auf das ewige Licht und die geistige Führung Ihrer Kinder. Senden Sie ihnen Ihre Liebe und Frieden, strahlen Sie den Segen auf Ihre Kinder aus. »Ich segne alles, was du tust«, »Meinen Segen hast du«, »Ich vertraue in dich und in deine geistige Führung«, »Ich segne dich«. Fühlen Sie, was passiert, wenn Sie das ewige Leuchten in Ihren Kindern segnen. Oft wird das innere Licht größer, stärker und fühlbar kraftvoller. Das Kind findet Vertrauen in sein Licht.

Mitmenschen: Konzentrieren Sie sich auf das ewige Leuchten in jedem Menschen, jedem Tier, jedem Baum und auf das lebendige Licht. Fühlen Sie dieses Licht in sich. Fühlen Sie Gottes Gegenwart in allem.

Frieden, Stille: Verbinden Sie sich mit den Meistern der Stille, beispielsweise mit Buddha. Segnen Sie alle Anzeichen von Friedfertigkeit, Helligkeit und Schönheit, und nehmen Sie die Stille um sich herum wahr. Schauen Sie nachts in den Sternenhimmel. Spüren Sie die Weiten unseres Universums, den unendlichen Raum, die unbegrenzten Möglichkeiten, die Ruhe, die es ausstrahlt.

Versteckte Segnungen: Sehen Sie auch die versteckten Segnungen, die auf den ersten Blick nicht sichtbar sind, das, was Ihnen geholfen hat, mehr zu sich selbst zu finden. Fragen Sie nach dem verborgenen Segen in der Situation. Manchmal offenbart sich der Segen erst sehr viel später. Haben Sie Geduld, und bleiben Sie auf den Segen ausgerichtet.

Eine kleine Übung kann Sie immer in der Liebe halten: Lassen Sie auf einmal Kritik zweimal Lob folgen.
Fehler brauchen Berichtigung und keine Strafen. Schaffen Sie Möglichkeiten der Korrektur. Zweifeln Sie weder an einem Menschen noch stellen Sie Ihre Liebe zu ihm infrage. Geben Sie Verwünschungen und Flüche auf. Verzichten Sie auf Schuldzuweisungen.
Halten Sie nach dem Segen in allem Ausschau. Vertrauen Sie darauf, dass alles einen Sinn hat, was auch immer geschieht, und dass sich daraus irgendwann ein Segen für die Menschheit entfalten kann.

Entscheiden Sie sich jetzt für den Segen in Ihrem Leben. Zu segnen kann eine tiefe Transformation hervorrufen. Es kann ein Umdenken und Umfühlen hin zum Glück bewirken. Statt für Neid, Missgunst, Mangel, Eifersucht, ... entscheiden Sie sich für Segnung. Wenn wir segnen, verstärken wir die Lichtkräfte des Universums. Wir erschaffen eine Schwingung des Friedens, der Freude und der Vorfreude, wir bleiben in Verbindung mit dem Licht und dem Liebespotenzial des Universums. Wir machen uns selbst und unsere Mitmenschen glücklich und heilen unsere eigenen negativen Gedanken und Gefühle. Es folgen drei Beispiele aus dem Alltag:

Beruflicher Erfolg: Kenne ich jemanden, der beruflich erfolgreich ist und seine Berufung lebt, so kann ich neidisch darauf sein, mich von ihm abwenden, ihn entwerten oder mich für das Segnen entscheiden: »Ich finde es toll, dass du deine Bestimmung lebst. Ich segne deinen beruflichen Erfolg. Das ist für mich ein positives Zeichen dafür, dass ich ebenfalls meine Bestimmung und meine Berufung mit Freude leben kann. Ich freue mich schon darauf, meinen vorbestimmten Weg frei und glücklich zu gehen. Ich bin froh, dass ich an dir sehen kann, dass dies möglich ist.«

Wohlstand: Hat jemand mehr Geld als Sie oder geht großzügig damit um, so können Sie neidisch und missgünstig sein und dadurch diese Eigenschaften in Ihrem Leben verstärken, oder Sie segnen diese Person: »Ich freue mich, dass du so frei und großzügig lebst und dein Geld teilst. Ich stimme mich auf den Strom des Geldes ein, welches in großen Mengen fließt. Ich weiß, dass ich das auch kann. Ich fühle den Energiestrom in meinem Leben. Weil ich dir begegne, ist dieser jetzt in meinem Fokus. Danke!«

Partnerschaft: Sind Sie gerade alleine und sehen Ihre Freundin/Ihren Freund glücklich in einer Partnerschaft, dann können Sie sich eifersüchtig abwenden, die Beziehung schlechtmachen oder die Kraft des Segens nutzen: »Ich segne deine Partnerschaft. Ich freue mich, dass ich dich so glücklich mit deinem Partner/deiner Partnerin erlebe. Ich segne deine Liebe, dein Glück und eure Verbindung. Wie schön, dass ihr zusammen seid. Auch ich finde mein Glück und den für mich besten Partner, da bin ich mir ganz sicher.«

Segen zu empfangen und Segen zu geben,
sind sehr heilsame, tragende Gesten.
Ein Segen bleibt für immer,
egal, was wir daraus machen.

LoA (Law of Attraction) – Das Gesetz der Resonanz

Jeder Gedanke, den wir aussenden, ist ein nie endendes
Schwingungsmuster im ewigen Raum,
das uns alles wiederbringt, was wir ausgesendet haben.
Senden wir also Segen – kommt Segen zu uns zurück.

Das Gesetz der Resonanz besagt, dass Gleiches Gleiches anzieht. Unsere innere Welt erschafft die äußeren Umstände. Alles, was uns in unserer Welt begegnet, hat etwas mit uns zu tun, sonst wäre es nicht in unserer Welt. Jeder Gedanke, jedes Gefühl erzeugt Schwingungen, Energien und Muster. Diese Schwingungen rufen in der äußeren Welt eine entsprechende Wirkung hervor und erschaffen die Umstände, die wir dann in unserem Leben erfahren. Wichtig ist, unsere Gedanken und Gefühle in Einklang zu bringen.

Wie fühlt sich Segen an?
Lassen Sie jetzt Segen gefühlsmäßig
in Ihrem Sein entstehen.
Wie fühlt es sich an, Segen
im Leben zu erfahren?
Begeben Sie sich ganz in die
Schwingung des Segens hinein.

Jeder Gedanke, jedes Gefühl, das wir hegen, hat eine Ausstrahlung.
Da es im inneren Raum weder Zeit noch Entfernung gibt, kommt diese Strahlung augenblicklich an.
Wie oft senden wir Gedanken der Sorge, des Zweifels und der Angst in die Welt? Wenn wir uns unserer Gedanken und Gefühle bewusst werden, können wir sie augenblicklich ändern und unserem Leben eine neue Richtung geben.

Hier eine Umkehrübung:

Nehmen Sie sich fünf Minuten Zeit.
Schließen Sie Ihre Augen.
Besinnen Sie sich ganz auf sich selbst.
Atmen Sie in die fünfte Kammer Ihres Herzens hinein.
Fühlen Sie Ihren Herzschlag. Fühlen Sie Ihr ewiges Licht.
Sagen Sie Ihrem Herzen »Hallo«.
Fragen Sie sich, wie es Ihnen geht.
Erlauben Sie, dass sich das Licht in Ihrem Herzen mit jedem Atemzug mehr und mehr ausbreitet.
Fühlen Sie, wie das Licht in Ihnen größer und heller wird und wie alle negativen Ansammlungen in Ihrem Feld aufgelöst werden.
Spüren Sie die Transformation durch das innere Feuer und die Ausdehnung des inneren Lichts über die Körperumrisse hinaus in der gesamten Aura.
Fühlen Sie die Aureole aus Licht, die Sie umgibt und durchdringt, mit jedem Atemzug heller und strahlender werden.
Atmen Sie.
Mit jedem Atemzug wird die reinigende Flamme heller und strahlender.
Lenken Sie diese Flamme in die Bereiche Ihres Körpers, in denen Sie negative oder niedrig schwingende Ansammlungen finden.

Wenn Sie sich leicht bewegen möchten, erlauben Sie minimale Körperbewegungen. Fühlen Sie, wie eingeschlossene oder blockierte Energie frei wird.
Atmen Sie das Licht. Wenn Sie sich gereinigt und ganz im Licht fühlen, können Sie weitergehen:

Fühlen Sie, wie das Licht von innen durch Ihren Körper nach außen strahlt, stärker und stärker. Nun verbinden Sie sich mit der fünften Kammer eines Menschen, der Ihnen spontan in den Sinn kommt.
Fühlen Sie sein ewiges Licht, seine fünfte Herzkammer.
Wie nehmen Sie sein Licht wahr?
Nun sprechen Sie laut oder leise:
»Ich segne alles, was du tust. Ich segne das Göttliche in dir.«
Warten Sie einen Moment. Was geschieht?
Spüren Sie, dass Ihr Segen ankommt?
(Vielleicht wird das Licht größer und heller oder beginnt, in einer bestimmten Farbe zu leuchten.)

Wenn wir unsere Aufmerksamkeit auf den Segen richten, können wir mehr und mehr den Segen in einer Situation erfahren. Spätestens jetzt, wenn Sie diese Worte gelesen haben, können Sie jederzeit den Segen wählen.

Wenn Sie einen Wunsch haben, so nehmen Sie sich Zeit für diesen Wunsch.

Stellen Sie ihn sich so vor, als ob er bereits Wirklichkeit wäre.
Fühlen Sie! Riechen Sie! Schmecken Sie! Hören Sie!
Öffnen Sie all Ihre inneren Sinne für den Wunsch.
Gehen Sie so intensiv in das Gefühl hinein, wie es Ihnen möglich ist.
Hüllen Sie diesen Wunsch in eine goldene Segenskugel.
Nehmen Sie wahr, wie er zum Himmel steigt und Energie aus dem Kosmos anzieht.

Wir sind hier, um das Leben zu segnen und den Segen des Lebens zu erfahren.

Bevor Sie etwas sagen, fragen Sie sich selbst:

Ist es wichtig oder notwendig?
Ist es wahr?
Wird es jemanden verletzen?
Bringt es Segen?
Ist es besser als die Stille?

Ho‘oponopono – Harmonie erschaffen

Wenn wir uns selbst vergeben für alle Erfahrungen und Resonanzen, die wir in uns tragen, kann das wahre segnende Licht unseres Herzens in voller Kraft erstrahlen.

HO‘O	= machen, begründen, tun,
PONO	= flexibel, richtig, stimmig,
PONOPONO	= etwas in Ordnung bringen, sich um etwas kümmern,
HO‘OPONOPONO	= etwas richtigstellen, einen Irrtum auflösen, liebend korrigieren, in den Segen bringen, in die göttliche Ordnung zurückkehren, übernatürliche Kräfte einbeziehen und zum Wohle aller wirken lassen.

Kurz gesagt: Ho‘oponopono bedeutet, die Harmonie wiederherzustellen und Segen zu erfahren. Ho‘oponopono ist ein Weg des Bewusstseins. Wir fühlen die Resonanz zu einem Thema in uns, nehmen diese in unsere fünfte Herzkammer, in das ewige Liebeslicht in uns auf und geben es in die Liebe zurück. Dadurch löschen wir alte Resonanzfelder in uns und öffnen uns für neue Erfahrungen der Liebe.
In Hawaii sagt man: »Böses ist meist nicht geehrtes Gutes.«

Ho'oponopono kann in Hawaii so weit gehen, dass wir uns für unsere schlechten Gedanken über eine Person bei dieser entschuldigen. Wir löschen unsere Resonanzen, überholten Überzeugungen und Glaubensvorstellungen über uns, unsere Mitmenschen und die Welt und werden immer mehr das reine Licht, das in allem strahlt, das unverfälscht die wahre Liebe ausstrahlen kann und in dem sich auch das reine Licht anderer Seelen spiegeln kann. Licht entzündet Licht.

Bei einem Ho'oponopono ist es wichtig, sich klarzumachen:

Alles, was in meiner Welt ist,
hat mit mir zu tun,
sonst wäre es nicht in meiner Welt.

Dazu stelle ich mir die folgenden Fragen:

- Wenn ich Schöpfer meines Lebens bin, warum habe ich mir dies erschaffen?
- Woran erinnert mich das?
- Wo ist die Resonanz in mir?

Anschließend führe ich die folgenden Schritte durch:

- Ich erkenne an, dass das, was ich erlebe, mit mir zu tun hat, sonst wäre es nicht in meinem Leben.
- Ich mache mir bewusst: Mein Gegenüber ist ein anderer Teil vom großen Ganzen. Er und ich sind eins.

Ich finde und fühle den Teil in mir, der veranlasst hat, dass ich das erlebe, was ich erlebe.

Ich spreche zu diesem Teil in mir und sage ihm:

»Es tut mir leid (MITGEFÜHL),
bitte verzeihe mir (LOSLASSEN KÖNNEN),
ich liebe dich (LIEBE IST WAHRHEIT),
danke (DANKBARKEIT).«

Es geht auch:

»Ich verstehe dich,
ich liebe dich,
ich ehre dich,
danke.«

Ich gebe die Resonanz, die ich in mir gefunden habe, in die Liebe, in die Schöpfung, in das ewige Licht zurück. Indem ich diesen Teil annehme, kann er sich wandeln.

Ich bin bereit, ein Wunder zu bezeugen.

Durch bestimmte Resonanzen erschaffen wir bestimmte Ereignisse in unserem Leben. Daher haben wir die Gabe, alles, was wir erschaffen haben, wieder aufzulösen, zurückzugeben in das ewige Feld und neue Erfahrungen zu machen, wenn wir die volle Verantwortung für unser Leben übernehmen. So erschaffen wir Freiheit, Liebe und Segen in unserem Leben.

Weitere Segenswege

Der Segen der Meister

Du bist willkommen,
ein Kind des Lichts,
ein Kind der Liebe.
Ewigkeit wohnt in dir.
Fühle unseren Segen,
der immer mit dir ist.

Stellen Sie sich ein Bild Ihres Meisters, Ihrer Meisterin auf (Jesus Christus, Buddha, Mutter Maria, Kuan Yin, …).
Zünden Sie eine Kerze an. Schauen Sie einen Moment in das Kerzenlicht. Fühlen Sie die ewige Flamme in Ihrem Herzen. Betrachten Sie voller Liebe das Bild Ihres Meisters. Schließen Sie Ihre Augen, und bitten Sie im Geiste Ihren Meister darum, zu erscheinen.
Stellen Sie sich ihn so gut wie möglich vor. Nun fühlen Sie, wie das liebende Herz Ihres Meisters in Ihr Herz hineinstrahlt. Sie fühlen den Blick des Meisters, wie Sie aus der göttlichen Ebene angeschaut werden. Öffnen Sie auch Ihre Schattenbereiche, Ihre Wunden, Ihre verschlossenen Räume, Ihren inneren Keller für seinen Blick. Lassen Sie sich vollständig in allem, was Sie sind, mit einem liebenden Blick anschauen. Versuchen Sie, nichts mehr vor sich zu verbergen. Es kann sein, dass Sie das Gefühl haben, dass dunkle

Schatten sich in Licht wandeln oder Ihr Energiefeld verlassen, dass Blockaden sich lösen oder eingeschlossene Energie frei wird, dass Gefühle sich befreien. Erlauben Sie, dass jetzt das geschieht, was geschehen soll. Lassen Sie sich anschauen und von dem Segenslicht, das aus dem Herzen und aus den allsehenden Augen strahlt, reinigen. Fühlen Sie, wie wohl es tut, wenn Sie nichts mehr vor sich verbergen müssen. Sagen Sie vollkommen ›JA‹ zu sich. Vergeben Sie sich, und fühlen Sie, wie die göttliche Gnade, die immer da ist, Sie frei macht. Lassen Sie sich durchdringend bis in die letzte Zelle Ihres Seins anschauen. Atmen Sie tief, fühlen Sie, dass Sie ein Kind Gottes sind. Spüren Sie, wie nun der Segen aus den höchsten Welten ganz und gar in Sie hineinfließt.

Der Segen aus der Natur

Nehmen Sie sich Zeit, und machen Sie einen Spaziergang. Nehmen Sie die Natur, die Bäume, Pflanzen, Steine wahr. Vielleicht zieht es Sie zu einem bestimmten Ort. Vielleicht mögen Sie sich an einen Baum lehnen oder Ihre Hände an einen Baum legen. Fühlen Sie die lebendige Energie, die durch diesen Baum strömt. Wo sitzt das Herz dieses Baumes? Wo fühlen Sie den lebendigen Puls? Lassen Sie Segen in den Baum fließen, und fühlen Sie, wie Ihre lebendige Energie sich mit der Lebensenergie des Baumes verbindet. Erlauben Sie jetzt der Natur und dem Kleinen Volk, Sie zu führen. Es kann sein, dass es Sie in die Wurzeln oder ganz nach oben oder nach innen zieht, dass Ihnen Tiere erscheinen oder sich Naturwesen bemerkbar machen. Fühlen Sie, wie Sie aufgeladen werden und die lebendige Natur eine Botschaft übermittelt. Bedanken Sie sich! Wenn Sie Wasser oder Brot dabeihaben, lassen Sie etwas für den Baum und die Natur zurück. Indem wir uns wieder verbinden, hört die Einsamkeit auf, und das ALL-EINS-SEIN beginnt.

Das Medizinrad – Der Segen der vier Himmelsrichtungen

Im Medizinrad kommt der Segen aus allen Himmelsrichtungen. Egal, welche Richtung wir in unserem Leben wählen, in jeder Richtung wohnt ein Segen. Wir sind eingebunden in eine Schöpfung, die uns liebt und die uns trägt, wenn wir unser Herz immer und immer wieder öffnen. Unser Weg ist einzigartig und im Vergleich zum Alter der Erde doch sehr kurz. Wir können Spuren des Lichts hinterlassen!

Osten – Sonnenaufgang – Element Luft – Schmetterling/Adler

Im Osten geht die Sonne auf. Der Segen kommt für den neuen Tag. Der Osten steht für die Morgendämmerung, den Frühling, die Geburt, die frühe Kindheit.

Laden Sie sich mit dem ersten goldenen Strahl der aufgehenden Sonne auf. Laden Sie den Segen in Ihren Tag ein, und segnen Sie den neuen Tag mit goldenem Licht.

Der Wind trägt Ihnen heute Botschaften zu und bringt Ihnen alles, was Sie wissen müssen, um diesen Tag zu erleben. Senden Sie den Strahl Gottes und die Liebe der Engel in den neuen Tag, sodass Sie aus der Quelle geführt werden.

Praktische Anregung

Beginnen Sie den Tag mit einer kleinen Segnung.
Verbinden Sie sich mit dem neuen Tag. Gehen Sie vor die Tür, achten Sie auf das Wetter, die Elemente, die Energie, die in der Luft liegt, die besondere Schwingung des Tages. Fühlen Sie in den heutigen Tag hinein. Jeder Tag hat eine einzigartige, ganz besondere Energie. Verbinden Sie sich mit Ihren spirituellen Wesen (Engel, Krafttiere, Meister). Wenn Sie ihre Gegenwart fühlen, dann verbinden Sie sich mit der Segensenergie, und leiten Sie sie in den neuen, vor Ihnen liegenden Tag. Zum Abschluss falten Sie Ihre Hände zu einer Schale vor Ihrem Herzen. Fühlen Sie, schauen Sie, was die Geistige Welt Ihnen für den neuen Tag in die Hände legt. Das kann eine Farbe sein, ein Gegenstand, ein Wort, ein Satz, ein Symbol, …
Sie können eine Karte aus einem Kartendeck, das Sie lieben, für den neuen Tag ziehen.
Sie können mit einer bestimmten Absicht und Ausrichtung in den Tag gehen.

Ich praktiziere diese Übung seit langer Zeit. Es ist verblüffend, wie genau das erste Gefühl am Morgen, die Botschaften der Geistigen Welt und der Segen für den Tag wirken. Manchmal kommen mir Menschen in dieser kleinen morgendlichen Andacht in den Sinn. Diese treffe ich, oder ich höre von ihnen an diesem Tag. Die Intuition verstärkt sich, und man kommt in eine höhere Führung hinein. Der Segen trägt uns durch den neuen Tag, der uns von der Schöpfung geschenkt wird.

Segen mit dem Element Luft

Über uns sind unbekannte Welten. Was in unserem Leben geschieht, ist lange vorbereitet.
Über den Wind und die Luft sind wir alle miteinander verbunden. Wir alle atmen die gleiche Luft ein und aus. Wir können strahlende Energie einatmend aufnehmen und segnende Energie ausatmend ausstrahlen. Ein Gebet wird oft über den Rauch in die Luft zum großen Geist, dem großen Geheimnis geschickt. Man kann räuchern und mit diesem Rauch seine Wünsche, Segnungen und Gebete in die Luft senden, auf dass sie in das gesamte Feld hineingehen und dieses Feld laden. Wir können auch den vollkommenen Gedanken, das vollkommene Bild, das wir für uns, für jemand anderen, für die Schöpfung in uns finden, in die Luft hineingeben, in das morphogenetische Feld, damit es jederzeit abrufbar ist.

Süden – Sonnenhöchststand – Element Feuer – Donnervogel/Kojote

Im Süden steht die Sonne am höchsten. Der Süden repräsentiert den Mittag, den Sommer, die Zeit der Wärme, der Jugend und des frühen Erwachsenseins. Es ist die Zeit der Handlungen und spirituellen Manifestationen. Es ist eine Zeit der Handlung, der Umsetzung, des Wachstums, der Herausforderungen und der Lektionen. Es ist wichtig, zwischen all den Aktivitäten immer wieder innezuhalten und abzugleichen, ob man noch auf seinem Kurs ist und in Übereinstimmung mit seinem Herzen handelt. Es ist wichtig, immer wieder eine Kurskorrektur einzulegen und die Geistige Welt in die irdischen und alltäglichen Handlungen einzubeziehen.

Praktische Anregung

Halten Sie am Tag immer wieder inne. Kurze Pausen, frische Luft, ein kleines Nickerchen und bewusstes Atmen bringen Sie wieder in die Anbindung an sich selbst. Prüfen Sie immer wieder, ob Sie noch auf Ihrem Kurs sind. Was haben Sie sich für heute vorgenommen?

In diesen kurzen Pausen kann man sich mit seiner geistigen Führung, den Engeln, den Meistern und der Stimme im Inneren abgleichen. Segen fließt, wenn Sie Ihrer Intuition folgen, egal, was Ihnen im Außen begegnet. Seien Sie sich darüber klar und bewusst! Und treffen Sie Entscheidungen.

Auch hier können Sie immer wieder Segen in die Angelegenheiten des Tages fließen lassen oder Angelegenheiten, die nicht so einfach lösbar sind, in die Hände der Engel legen.

Oft können Ihnen in kurzen Pausen geniale Eingebungen und Bilder in den Sinn kommen, die Ihnen weiterhelfen werden. Erlauben Sie Ihrer inneren Führung, in all der Aktivität immer wieder durchzublitzen, und gleichen Sie sich mit ihr segensvoll ab. Wenn Sie sich in einer Sache nicht sicher sind, dann schlafen Sie eine Nacht darüber. Ihre Intuition können Sie an einem Sog oder Druck erkennen. Konzentrieren Sie sich auf Ihren Bauchnabel, und beobachten Sie: Zieht diese Sache an ihnen, oder drückt sie Sie? Wenn sie zieht, wenn ein Sog da ist, dann sind Sie aus einer anderen Ebene geführt.

Segen mit dem Element Feuer

Das Schöpfungsfeuer der Sexualität, die Flamme im Herzen und das Licht des Geistes verbinden sich mit dem universellen Geist, dem universellen Licht. Innere Wärme, Geborgenheit und Liebe kommen aus dem Feuer in uns. Licht ist in jeder Zelle und in jedem Atom. Segnen Sie Ihren Körper, segnen Sie das Feuer in allem. Der Segen stammt aus der Mitte des Lichts. Das Feuer transformiert alle Dinge, die Ihnen nicht mehr dienlich sind. Laden Sie deswegen das violette Feuer der Transformation mehrmals am Tag dazu ein, in, durch und um Sie zu lodern und Sie abzugleichen mit den höchsten Lichtebenen und Lichtdimensionen, sodass Ihr DASEIN ein SEGEN ist. Seien Sie der Segen – für sich, für andere, für diese Welt. Segnen Sie, wo immer Sie sind. Segnen Sie, wann immer Ihnen der Segen in den Sinn kommt: »Ich segne alles, was ich tue! Ich segne alles, was andere tun!« Segnen Sie Ihre Kinder und die Menschen, Plätze und Orte, mit denen Sie verbunden sind. Fühlen Sie den göttlichen, wahren Kern in allem. Wann immer es wichtig ist, zünden Sie eine Kerze an, sodass das Licht augenblicklich wirken kann.

Westen – Sonnenuntergang – Element Wasser – Delfin/Frosch

Im Westen geht die Sonne unter. Der letzte Strahl der untergehenden Sonne segnet uns für die Nacht. Es ist die Zeit der Reife, des Herbstes, der Segnung, des In-sich-Gehens und die Vorbereitung auf die Nacht. Erinnerungen ziehen wie Nebel herauf, die materielle Welt verschmilzt mit der geistigen Energie. Es ist die Zeit der Reflexion und der Vergebung und die Vorbereitung für die Traumenergie der Nacht.

Praktische Anregung

Es ist gut, sich am Abend vor dem Zubettgehen etwas Zeit zu nehmen und den Tag Revue passieren zu lassen.
Fragen Sie sich: »Wo habe ich heute Führung und Segen erfahren? Wofür bin ich heute dankbar?«
Wenn wir am Abend beisammensitzen, können wir uns gegenseitig fragen: »Was war das Schönste am heutigen Tag? Was war besonders? Wo habe ich heute die Führung der Geistigen Welt erfahren? Welchen Segen habe ich erlebt?«
Indem Sie die Aufmerksamkeit auf den Segen richten, beginnen Sie, den Strom des Segens immer mehr wahrzunehmen. Sie können auch ein Tagebuch führen.
Senden Sie den Segen in den Tag hinein, und reinigen Sie mit der violetten Flamme alles, was nicht so gut gelaufen ist. Übergeben Sie es in die Hände der Engel. Leeren Sie in Ihrer Vorstellung Ihre Schale des Lichts von allen Ansammlungen

des Tages, indem Sie sie in den Ozean der Liebe zurückgeben. Ein Gebet und ein Segen für die Nacht, mit aus Ihrem Herzen gesprochenen Worten, können sehr förderlich sein. Diese können so aussehen:

»Ich segne diese Nacht. Möge sie mir lichtvolle Botschaften aus den geistigen Reichen bringen. Mögen viele Engel um mein Bett, um die Betten meiner Kinder, … stehen und uns in der Nacht führen und behüten. Mögen wir in Licht gehüllt sein.«

Sie können auch ein Anliegen mit in Ihre Träume nehmen.

Für Kinder sind kleine segensvolle Einschlafrituale hilfreich, z. B. die Engel rufen, ein kleines Gebet sprechen, den Traumfänger anpusten, das Kuscheltier in den Arm nehmen, …

Weiter ist es gut, sich auf die Nacht vorzubereiten, weil wir uns in der Nacht mit höheren geistigen Ebenen abgleichen und Botschaften aus den geistigen Reichen, aus denen wir stammen, erfahren können. Zu dieser Vorbereitung kann gehören: die Füße waschen, den Tag reflektieren, sich auf die höheren geistigen Ebenen einstimmen, in einen klaren Kristall schauen und dessen kristalline Energie so lange aufrechterhalten, bis man einschläft. Das fördert Klarträume.

Segen mit dem Element Wasser

In unseren Adern fließt Blut, das zu einem großen Teil aus Wasser besteht. Wasser transportiert Gehörtes und Gesehenes in unser Energiesystem. Sich immer wieder zu reinigen – nicht nur physisch, sondern auch energetisch – ist wichtig. Halten Sie die Hände an Ihre Ohren. Hören Sie das Rauschen Ihres Blutes. Senden Sie goldenen Segen und Dank in Ihre Blutbahnen, und stellen Sie sich vor, wie alle Kristalle sich wieder in ihrer reinsten und schönsten Form ausrichten und sich aufgenommene negative Informationen ins Positive wandeln.

Wann immer wir Flüssigkeit zu uns nehmen, können wir diese segnen. Wasser ist der größte Informationsträger und nimmt feinstoffliche Energien schnell auf.
Nehmen Sie ein Glas in die Hand, und sprechen Sie:
»Ich danke für das Wasser des Lebens und lade es mit dem Licht der Liebe, Dankbarkeit, Wärme, Heilung, … auf.« Fühlen Sie, wie Energie vom Herzen durch Ihre Hände in das Wasser strömt. Das Wasser beginnt zu funkeln, zu strahlen und zu leuchten. Stellen Sie sich beim Trinken vor, wie auch Ihr System funkelt und strahlt.

Wann immer Sie irgendwo am Wasser sind, geben Sie Segen hinein.

Norden – Mitternacht – Element Erde – Schildkröte/ Weißer Büffel

Der Norden ist dem Element Erde, dem Winter und den Ahnen, den alten Weisen und dem Alter zugeordnet. Er entspricht der Zeit zwischen Mitternacht und Morgendämmerung. Altes wird verdaut, neue spirituelle Energie wird über die Traumebenen empfangen. Es ist die Zeit der Visionen für eine neue Erde.

Praktische Anregung

Im Norden geht es darum, die Traum- und Visionsebenen bewusst zu erreichen und segnend darin zu agieren. Das heißt, zu lernen, seine Träume zu beobachten, in seine Träume einzusteigen und die Handlungen in den Träumen segensvoll zu lenken. Das bedarf einiger Übung. Träume sind die Botschafter unserer Seele. Träume und Visionen führen uns hier auf diesem einzigartigen Erdenpfad.

Die Träume zu beachten heißt, die »Post der Seele« zu lesen. Wann immer Ihnen ein Traum im Bewusstsein bleibt, beachten Sie ihn. Sie können auch tagsüber bewusst in den Traum einsteigen und ihn segensvoll ändern. Alle Kraft kommt von innen, aus dem geistigen Raum. Wir gestalten unsere Wirklichkeit. Wir träumen alles, bevor es geschieht. Deswegen ist es wichtig, Träume zu beachten und gegebenenfalls lichtwärts zu lenken.

Segen mit dem Element Erde

Teilen Sie Ihre Gaben mit der Erde. Danken Sie der Erde und den Geschöpfen der Erde für alles, was sie Ihnen geben. Segnen Sie die Erde mit jedem Schritt. Streicheln Sie sie mit Ihren Zehen. Beachten Sie die Sterne, denn sie leuchten auf Ihrem Weg. Fühlen Sie die geistige Verbundenheit mit allen Dingen. Achten Sie auch auf die Botschaften Ihrer lichtvollen Ahnen und Spirits. Sie ebnen Ihnen den Weg.

Führen Sie ab und zu eine kleine Zeremonie zum Segen und zu Ehren von Mutter Erde, Ihren Ahnen und Ihren Sprits durch. Fragen Sie auch, ob Sie etwas für die Erde, für Ihr Krafttier und für die Engelwelt tun können. Lassen Sie sich führen. Wann immer Sie unterwegs sind, teilen Sie Ihr Brot und Ihr Wasser mit den Naturwesen, und legen Sie ein Stück des Brotes für sie an den Wegesrand. Segnen Sie die Quellen, und setzen Sie lichtvolle Samen, damit Ihre Nachfahren von den Früchten, die Sie gesät haben, ernten können und versorgt werden.

Beim Trinken in der Natur ist der erste Schluck für Mutter Erde, der zweite für Vater Sonne, der dritte für Sie und die, die mit Ihnen sind. Der Kreislauf der Erde besteht aus Geben und Nehmen. Wenn Sie etwas nehmen, so geben Sie etwas von sich, und wenn es ein Dankeschön oder ein kleines Gebet ist. So schaffen Sie einen segensvollen Kreislauf. Alles, was Sie aussenden, kehrt zu Ihnen zurück. Säen Sie Gutes – dann ernten Sie Gutes.

Segen im Laufe des Lebens

Jeder Lebensabschnitt im Kreislauf des Lebens ist ein besonderer Abschnitt und verdient einen Segen, sodass wir diesen Weg meistern können.

Man kann frei gestaltete Segnungen für alle Lebensabschnitte durchführen:

- Segnung der Geburt/Taufe,
- Segnung der Schulzeit,
- Segnung des Übergangs in das Erwachsenenalter,
- Segnung der Hochzeit,
- Segnung der beruflichen Zeit und der Existenzgründung,
- Segnung der Kinder,
- Segnung des Abschieds und der Beendigung von Dingen und Angelegenheiten,
- Segnung des Alters,
- Segnung der Kindeskinder,
- Segnung des Todes und des Übergangs in das Geistige.

Ich möchte hier nur einige kleine Beispiele für Segnungen im Lebensverlauf nennen. Segenszeremonien für Kinder und für Paare habe ich in den Büchern »Willkommen auf der Erde« und »Das ›JA‹ zueinander« beschrieben. Es gibt religiöse Wege, Lebensabschnitte zu segnen, und freie Wege, die man je nach Wunsch wählen und miteinander kombinieren kann. In der heutigen Zeit wechseln wir von »entweder … oder …« zu »sowohl … als auch …«. Religiöse Zeremonien sind sehr schön und festlich und können durch den persönlichen Segen von Eltern, Verwandten, Seelenverwandten und Freunden ergänzt werden.

Segnung der Zeugung

Die Zeugung eines Kindes kann ein lustvoller, ekstatischer Akt sein. In der Vereinigung von Mann und Frau kommen positives und negatives Licht zusammen. Es entsteht ein Strahl, der zu einem eigenen körperlichen Lichtgebilde wird. Es werden unzählige Lichtbahnen geöffnet. Um ein Kind empfangen zu können, müssen viele Faktoren stimmen. Die Körpertemperatur, der Zeitpunkt der Zeugung und die Chemie zwischen den Eltern müssen passen. Viele Kinder werden nicht bewusst oder nicht mit dem Segen der Eltern gezeugt. Dennoch ist es für die Segnung des Zeugungsaktes nie zu spät. Es kann unser Leben verändern, wenn wir unser einzigartiges Leben vom ersten Moment an in unsere Hände nehmen, da in der geistigen Ebene Raum und Zeit keine Rolle spielen. Dies kann sehr interessante Gefühlsregungen in uns hervorrufen, von Staunen bis hin zu Ekel. Das können Gefühle sein, die eine Rolle bei der Zeugung gespielt haben und unbewusst immer noch in uns wirksam sind. Wenn wir diese aufdecken, so kann sich unser Grundgefühl für uns selbst unglaublich verändern. Probieren Sie es aus, und beobachten Sie, was bei Ihnen geschieht.

Nehmen Sie sich Zeit. Finden Sie einen Raum der Ruhe und des Wohlbefindens. Atmen Sie einige Male tief durch, und kommen Sie mit ein paar Atemzügen zu sich selbst. Legen Sie Ihre Hand auf Ihr Herz, und fragen Sie sich immer wieder: »Was schätze ich an mir selbst?« Segnen Sie Ihr Sein. Nun wenden Sie sich Ihrer Mutter zu und gehen in der Zeit zurück zu dem Zeitpunkt Ihrer Zeugung. Sie betrachten von oben die Eizelle Ihrer Mutter, die Eizelle, aus der Sie entstehen werden. Was empfinden Sie?
Lassen Sie den Segen und kraftvolle weibliche Eigenschaften, die Sie sich im Leben wünschen, in die Eizelle hineinfließen. Beginnen Sie, einen positiven Bezug zu dieser wunderschönen pulsierenden Eizelle aufzubauen. Sie können sich vorstellen, dass sie an Leuchtkraft zunimmt.

Nun wenden Sie sich Ihrem Vater zu und gehen in der Zeit zurück zum Zeitpunkt Ihrer Zeugung. Sie sehen die Millionen von Spermien, die sich ein Wettrennen liefern. Unter all den Spermien gibt es eines, das besonders leuchtet. Achten Sie auf Ihre Gefühle, die Sie bei dem Anblick entwickeln. Was empfinden Sie? Beginnen Sie, einen positiven Bezug zu diesem Spermium aufzubauen. Geben Sie die kraftvollen Eigenschaften hinein, die Sie sich von väterlicher Seite in Ihrem Leben wünschen.

Nun beobachten Sie den Akt der Zeugung. Stellen Sie sich vor, wie die Eizelle mit dem Spermium verschmilzt. Segnen Sie diesen unglaublichen Moment. Stellen Sie sich die ersten Zellteilungen vor, sehen Sie das Wunder Ihrer Entstehung. Wiederholen Sie diese Übung eine Zeit lang immer wieder zu einem bestimmten Zeitpunkt. Sie werden bemerken, dass eine positive Veränderung in Ihnen geschieht, wenn der Samen, der Ursprung immer heller und strahlender wird. Es ist eine Reinigung der Stammzellen, aus denen Ihr Wesen entstanden ist.

Segnung der Schwangerschaft

Hier gibt es zwei Varianten, die ich Ihnen vorstellen möchte. Die erste Segensübung knüpft an die vorangegangene Segnung der Zeugung an.

> *Nimm dein Leben in deine liebenden Hände,*
> *forme es, gestalte es.*

Wenn Sie Ihren Zeugungsakt gesegnet haben, können Sie im Geiste die Monate durchgehen, in denen Ihre Mutter mit Ihnen schwanger war, und Segen hineingeben. Dabei kann es sein, dass Sie die Emotionen dieser Zeit noch einmal in sich fühlen (Ängste, Sorgen, Ablehnung, Wünsche (»Es soll ein Junge/ein Mädchen werden!«), ...). All das ist in Ihren Zellen noch gespeichert und darf nun heilen, neu programmiert und neu ausgerichtet werden. Halten Sie das ungeborene Kind, das Sie selbst sind, schützend in einem goldenen Ei aus Licht, egal, was es in dieser Zeit erlebt. Fühlen Sie, wie es eine ganz eigene Schwingung aufbaut und halten kann. Fühlen Sie die Geburt, und nabeln Sie das Kind im Geiste noch einmal von dem Gefühlsfeld der Mutter ab, und geben Sie diese Verbindung jetzt in das göttliche Licht oder an eine höhere geistige Führung. Diese Meditation ist sehr kraftvoll und für viele aufschlussreich und erlösend.

Die zweite Möglichkeit ist es, Ihr Kind zu segnen, wenn Sie selbst schwanger sind. Nehmen Sie sich regelmäßig eine Auszeit, und segnen Sie das Kind, das in Ihrem Bauch heranwächst. Hüllen Sie es im Geiste in einen lichtvollen Schutz, indem Sie nach innen lauschen oder sich vorstellen, dass es in reinem goldenem, diamantenem und strahlendem Licht geschützt und gesegnet heranwachsen darf. Dies können Sie auch mit Ihrem Partner gemeinsam tun. Das Fruchtwasser erneuert sich alle vier Stunden. Wasser ist ein wunderbarer Informationsträger. Es wandelt sich mit jedem Gedanken und mit jedem Gefühl. So können Sie reines Wasser segensvoll aufladen und Ihrem Kind im Bauch zukommen lassen. Stellen

Sie das Wasser auf die Blume des Lebens, bevor Sie es trinken, und segnen Sie es mit Licht, Freude und Liebe in dem Bewusstsein, dass Ihr Kind im Bauch darin badet. Führen Sie ein Schwangerschaftstagebuch, und schreiben Sie Vorlieben, Träume, Geschenke in der Schwangerschaft, Ereignisse, Tiere, die Ihnen begegnen, Nahrung, auf die Sie besonders Lust haben, ... auf.

Segnung der Geburt/Taufe

Ahow, Sonne, Mond und Sterne,
ihr alle, die ihr euch am Himmel bewegt,
hört mich an!
In eure Mitte ist ein neues Leben getreten.
Segnet es, und ebnet ihm den Weg!

(indianisches Gebet für Neugeborene)

Wenn ein Baby auf die Welt kommt, kann man es mit einem Segen oder einer Segensgeste in dieser Welt willkommen heißen. Eine Zeremonie mit allen Verwandten ist besonders bewegend. Die Taufe ist das Willkommenheißen in der Welt. Über alternative Segenszeremonien schreibe ich in meinem Büchlein »Willkommen auf der Erde«.

Segnung zum Geburtstag

Der Geburtstag ist ein besonderer Tag im Leben. Runde Geburtstage oder Geburtstage in Siebenerschritten nehmen eine besondere Stellung ein.

Rein astrologisch beginnt an jedem Geburtstag bei der Wiederkehr der Sonne eine neue persönliche Erdenrunde.

Der Tag unserer Geburt ist mit einer einzigartigen Sternenkonstellation verbunden. Jeder von uns ist einzigartig und trägt eine besondere Medizin in sich. Es gibt keinen von uns ein zweites Mal auf dieser Welt. In unserem Geburtshoroskop sind bestimmte Konstellationen sichtbar, die mit bestimmten Eigenschaften, Entwicklungsschritten, Fähigkeiten, Herausforderungen usw. einhergehen. Man sagt, dass am Geburtstag die Engelsebene besonders nah ist, dass man auf Zeichen, Geschenke und Segnungen achten soll, da diese einen in die neue Erdenrunde tragen. Wenn wir einen Blick für Zeichen entwickeln, werden wir feststellen, dass wir zu einem Geburtstag bestimmte Farben (in Form von Blumen, Kerzen, Geschenkpapier) bekommen. Achten Sie auf das Wetter, die Stimmung des Tages, die Menschen, die zu Besuch kommen und Sie anrufen usw.

Der Uranus braucht etwa sieben Jahre, bis er ein Sternzeichen durchlaufen hat. Er ist für Wachstum und Weiterentwicklung zuständig. Wir werden alle sieben Jahre in einen weiteren Kreis unserer Kraft getragen. So fallen uns etwa nach den ersten sieben Lebensjahren die Milchzähne aus, und wir werden von einem Kleinkind zu einem Schulkind.

Mit 14 Jahren beginnen wir zu Erwachsenen zu reifen (Pubertät).
Mit 21 Jahren sind wir erwachsen (heutzutage schon mit 18).
Mit 28 Jahren sind wir in unserem Leben angekommen, gründen vielleicht eine Familie, …
Mit 35 Jahren sind wir in unserer Lebensmitte angekommen.
Mit 42 Jahren können wir unsere eigene Bestimmung entfalten: Selbstständigkeit, Veränderung, …
Mit 49 Jahren lösen wir uns von Altem.
Mit 56 Jahren beginnt oftmals die Midlife-Crisis, die zweite Pubertät.
Mit 63 Jahren gehen wir in Rente, wir durchleben das Alter, erfahren gelebte Weisheit.

Kleines segnendes Geburtstagsritual

Man kann eine Lichterspirale mit einem Zentrum bauen und darin einen wundervollen Platz mit einem kleinen Tischlein herrichten. Dorthin setzt man das Geburtstagskind. Besonders schön ist dies auch am Strand unter klarem Sternenhimmel. Anschließend segnet man das Geburtstagskind mit einem gemeinsamen Lied.

Ich schenke dir Zeit, der zu sein, der du wirklich bist.
Ich segne dich mit Liebe. Ich segne dich mit Freude.

Wir verbinden uns mit der Geistigen Welt. Wir bitten die Engel in den Raum und warten, bis jeder sie auf seine Weise wahrnimmt. Der eine fühlt ihre Anwesenheit, einer weiß einfach, dass sie da sind, der andere sieht ihre Gegenwart, … – wie auch immer. Wir falten die Hände zu einer Schale und bitten um eine Segnung für das Geburtstagskind. Das kann ein Gegenstand, ein Symbol, ein Lied, … sein.
Dann gehen wir einzeln in die Spirale und umarmen das Geburtstagskind und übergeben die energetischen Geschenke der Engel mit eigenen Worten, etwa: »Mir haben die Engel für dein neues Lebensjahr einen Regenbogen gegeben, sodass du jederzeit Farben und Licht in deinem Leben hast.« Einer nach dem andern tritt zum Geburtstagskind und überreicht sein geistiges Geschenk. Das kann sehr berührend sein.

Segensschale für die neue Lebensrunde

Jeder bringt ein kleines Geschenk mit, beispielsweise einen kleinen Zettel, auf welchem steht, was man dem Geburtstagskind sagen möchte, was man an ihm so schätzt und wunderbar findet, oder einen Edelstein, eine Karte, einen schönen Spruch, eine Kerze, …

Dann überreicht man dem Geburtstagskind gemeinsam eine schöne Schale, etwa aus Holz oder Ton. Jeder legt nacheinander sein Mitbringsel mit lieben Worten und Segnungen für die neue Runde in die Schale. So wird sie eine Schale der Segnung, des Dankes und der Wertschätzung, die das Geburtstagskind mit in ein neues Lebensjahr nehmen kann. Das Geburtstagskind kann alles auspacken und mit der Gemeinschaft teilen oder die Geburtstagswünsche abends im Stillen durchlesen. Man sollte in jedem Fall Taschentücher bereithalten, da diese kleine Zeremonie zutiefst berührend ist.

Möge die neue Runde auf deinem Erdenweg
eine Segensrunde sein.
Mögest du Glück, Freude, Wohlstand,
Führung und Kraft erfahren.
Mögen alle Wesen glücklich sein.
Möge der Segen zu meinem Wohl,
zum Wohle aller und zum Wohle
der gesamten Schöpfung fließen.

Eine Segensgeschichte

Ich möchte an dieser Stelle eine wahre Begebenheit mit Ihnen teilen.

Jedes Jahr um Silvester segne ich jeden einzelnen Monat im neuen Jahr. Ich stelle mir Monat für Monat vor und lasse eine Kugel des Segens in den jeweiligen Monat hineinfließen.

Vor vier Jahren führte ich dieses kleine Ritual mit zwei Freundinnen durch. Jede von uns stellte sich dazu einen Monat vor und eine Segenskugel, die in unserer Vorstellungskraft in einer bestimmten Farbe, Energie oder Qualität leuchtet, und ließ diese Segenskugel vollständig in den Monat hineinfließen. Jede von uns schrieb sich Farben, Empfindungen und Qualitäten des jeweiligen Monats auf. Die Zettel landeten in unseren Tagebüchern.

Es machte viel Spaß. Bei einer Freundin stockte jedoch der Segen im Monat März. Sie fühlte einen Energieabfall und viel Dunkelheit. So ließen wir zu dritt in diesen Monat Segen hineinfließen, bis dieser Monat sich nach einiger Zeit mit Segen füllte. Dann gingen wir zum nächsten Monat über.

Als das neue Jahr begann, hatten wir durch den Trubel des Alltags diesen kleinen Zwischenfall längst vergessen.

Es kam der Monat März. Die Freundin, deren Energie genau beim Segnen dieses Monats gestockt hatte, hatte in dieser Zeit einen schweren Verkehrsunfall. Doch obwohl von ihrem Auto nichts als Schrott übrig geblieben war, trug sie keinerlei

Kratzer davon. Die Polizei kommentierte diesen Unfall als großes Wunder. Wir haben es auf die Segnung für das Jahr zurückgeführt. Der Segen floss weiter, so wie wir es in der Meditation gesehen hatten. Ich möchte nicht wissen, wie der Unfall ausgegangen wäre, hätte kein Segen auf diesem Monat gelegen.

Ebenfalls bei einer Jahressegnung wollte bei einer Freundin das Segenslicht im Monat August nicht leuchten. Wir verstärkten den Segen für diesen Monat und zogen bewusst einen Kreis. Ein Kreis bedeutet, dass ein bestimmtes Ereignis in einem Monat beginnt und noch im selben Monat zu einem Abschluss kommt. Alles wird innerhalb dieses einen Monats rund. Im August bekam unsere Freundin einen Steuerbescheid (Nachzahlung, Vorauszahlung und Erhöhung). Alle ihre Konten wurden gesperrt. Sie wusste nicht, wie sie über die Runden kommen und die Ware für ihr Geschäft bezahlen sollte. Gegen Ende des Monats bekam sie Hilfe von einem Freund und gewann eine kleine Summe Geld. Alles löste sich innerhalb dieses Monats. Das war ein kleines Wunder.
Es lohnt sich, das Jahr am Jahresende, zu Silvester oder in den Rauhnächten zu segnen.

Jahresvorschau

So wie jeder Tag eine besondere Schwingung hat, ist auch jedes Jahr von einer besonderen Schwingung begleitet. Was in dem einen Jahr richtig war, kann sich im nächsten Jahr ganz anders anfühlen. Jedes Jahr steht unter einem besonderen Planeteneinfluss. Das Jahr 2012 stand unter dem Einfluss des Merkur, das Jahr 2013 wird vom Mond beeinflusst. Es ist wichtig, sich am Jahresende Zeit zu nehmen, seiner geistigen Führung und den Menschen, die einen durch die Erdenrunde getragen haben, von ganzem Herzen zu danken. Es ist entscheidend, all die Segnungen des Jahres zu erkennen und zu schauen, wer aus dem alten Team geht und wer neu dazukommt.

Was waren die Segnungen im vergangenen Jahr?
Was war das Highlight, das Besondere an dem Jahr?
Wer ist zusätzlich in Ihr Leben getreten, wer ist aus Ihrem Leben gegangen?
Wer hat Sie durch das Jahr begleitet?
Was hat sich geändert?
Welche Bereiche in Ihrem Leben sind ein Segen?
Welchen Bereichen können Sie noch mehr Segen geben?
Welches Motto würden Sie für das Jahr wählen?

Die Geistige Welt stellt Ihnen alles zur Verfügung, was Sie brauchen, um das neue Jahr auf beste Weise zu meistern.

Fragebogen: Zielsetzung für das neue Jahr

Nehmen Sie einen Kalender zur Hand, auf dem das ganze neue Jahr in der Übersicht vor Ihnen liegt. Tragen Sie alle wichtigen Termine ein (Ferien, Feiertage, Geburtstage, Vereinbarungen, Freiräume, ...). Betrachten Sie das Jahr, das vor Ihnen liegt, und fühlen Sie in dieses Jahr hinein. Nehmen Sie ein Notizbuch zur Hand, und beantworten Sie die folgenden Fragen:

DAS JAHR ... (Jahreszahl und Planetenherrscher)

WAS SICH IM JAHR ... VERÄNDERT: z. B. Schulabschluss, Schulbeginn, Kinder, Rente, neuer Job, ...

VORHABEN UND ZIELE IM JAHR ...: z. B. Termine, Absprachen, die bereits geplant sind oder vollendet werden sollen, Abschluss von Projekten, Umzug, ...

KARRIERE/LEBENSWEG: Was wünsche ich mir für meinen eigenen Lebensweg?

PARTNERSCHAFT: Was wünsche ich mir in meiner Partnerschaft und Beziehung?

IDEEN: Welche Ideen habe ich?

REICHTUM/MATERIELLE ZUFRIEDENHEIT: Was wünsche ich mir in Sachen Reichtum, Verdienst, Gehalt, …

ZENTRUM DES SELBST: Was wünsche ich mir für mich selbst? Was möchte ich verbessern?

FREUNDE: Was möchte ich mit meinen Freunden erleben?

KREATIVITÄT/PROJEKTE/KINDER: Welche kreativen Projekte möchte ich verwirklichen? Welche Form des Selbstausdrucks wähle ich (Sport, Kunst, Musik, …)? Was wünsche ich mir für meine Kinder?

WISSEN/PERSÖNLICHKEITSENTWICKLUNG: Welche Fortbildungen, Seminare oder Workshops möchte ich besuchen? Wie soll sich dadurch meine Persönlichkeit entwickeln?

ANSEHEN/ERFOLG/VERÄNDERUNG: Welche Rolle möchte ich in meinem Leben spielen? In welchen Bereichen möchte ich mich verändern, in einem neuen Licht sehen? Wie sieht mein Arbeitsplan aus?

REISEN/URLAUB/FORTBILDUNG: Welche Reisen plane ich für das neue Jahr? Wo möchte ich Urlaub machen?

Mit diesem Fragebogen stimmen Sie sich auf das vor Ihnen liegende Jahr ein. Sie können sich auch eine Zielcollage für das neue Jahr basteln und sich diese über Ihren Schreibtisch hängen.
Nun kommen wir zum geistigen Teil der Reise. Da wir geistige Wesen sind, die eine menschliche Erfahrung machen, haben wir auf der geistigen Ebene auch Spirits und Helfer, die uns im neuen Jahr begleiten. Sie stimmen uns auf die Schwingung des neuen Jahres ein. Es gibt verschiedene Wege, um einen Zugang zum Geistigen zu erlangen. Wählen Sie den Weg, der sich für Sie gut anfühlt. Sie können Karten zu den einzelnen Bereichen zeichnen. Sie können den Weg einer schamanischen Reise oder einer geführten Meditation wählen oder eine Kombination aus beidem.
Bei einer schamanischen Reise lassen Sie sich in die Schwingung des neuen Jahres führen und schauen, was kommt. Es ist nicht notwendig, zu allen Punkten des folgenden Fragebogens etwas zu schreiben. Weniger ist manchmal mehr. Schauen Sie einfach, wozu Sie den besten Zugang haben. Seien Sie frei! Seien Sie brillant!

Fragebogen: Tikis – Spirits – das geistige Team im neuen Jahr

KRAFTTIER: Welches Kraft- oder Helfertier ist in diesem Jahr wichtig?

NATURWESEN: Welche Naturkräfte sind besonders stark? Welche Elemente sind vorherrschend?

PFLANZENMEDIZIN: Welcher Pflanzengeist begleitet mich?

ENGEL: Welche Engel begleiten mich?

EDELSTEIN: Welche Edelsteine sind von Bedeutung?

HEILER/HEILERIN: Welche Heilkraft ist tätig?

LEHRER/LEHRERIN: Wer sind meine Geistführer?

MEISTER/MEISTERIN: Welcher Meister, welche Meisterin ist an meiner Seite?

KRAFTSYMBOL/KRAFTGEGENSTAND: Welchen Gegenstand erhalte ich von der Geistigen Welt?

KRAFTORT: Welcher Ort, welcher Platz, welche Reise ist für mich in diesem Jahr wichtig?

EVTL. HIMMELSTRICHTUNG IM MEDIZINRAD (für all jene, die einen Zugang zum Medizinrad haben):

SEGEN/GESCHENK/VISION/AUFGABE FÜR DAS JAHR … VON DER GEISTIGEN WELT:

MOTTO FÜR DAS NEUE JAHR:

SONSTIGES/ANMERKUNG:

Segnung und Meditationsreise zum Seelenteam im neuen Jahr

Sie können sich die folgende Meditation auf Band sprechen oder sie sich mit einer schönen ruhigen Hintergrundmusik von jemandem vorlesen lassen.

Der Ort der Einweihung in deine geistigen
Kräfte und Fähigkeiten liegt in dir.
Du wirst von wunderbaren Kräften begleitet,
gesegnet und unendlich geliebt.
Öffne dich für dein leuchtendes, strahlendes Selbst.
Sage JA zu dir Selbst.
Erfahre den Segen in deinem Leben.

Machen Sie es sich jetzt ganz bequem. Konzentrieren Sie sich auf Ihre Atmung, und nehmen Sie ein paar tiefe Atemzüge. Wiederholen Sie das zweimal. Nehmen Sie einen weiteren Atemzug, und atmen Sie zum Kronenchakra hin ein und zum Bauchnabel hin aus. Allmählich sinken Sie von Ihrem denkenden Verstand über den Hals in den Raum Ihres Herzens hinein. Sie atmen in Ihren Herzensraum und erlauben, dass er weiter wird, heller und größer. Sie nehmen einen Eingang wahr. Es kann eine Höhle, ein Tunnel, ein Tor, ein Gang, ... sein. Sie gehen durch den Eingang hindurch. Vor Ihnen öffnet sich jetzt ein Pfad, der Sie an einen Ort führt, an dem Sie vollkommen sicher und geborgen sind. Während Sie diesen Pfad entlanggehen, öffnen Sie Ihre inneren Sinne.

RIECHEN: Sie nehmen erst einmal einen tiefen Atemzug und riechen. Welcher Geruch umweht Ihre Nase? Wie riecht es dort? Salzig, nach Blüten, frisch, ...?

HÖREN: Während Sie weitergehen, halten Sie Ihre Ohren offen. Sie hören sich um. Welche Geräusche nehmen Sie an Ihrem inneren Ort wahr? Wind, Vogelgezwitscher, Wasserrauschen, andere Töne, ...?

SCHMECKEN: Schmecken Sie nun. Welcher Geschmack kommt Ihnen in den Sinn? Fruchtig, salzig, bitter, süß, sauer, ...?

FÜHLEN: Sie öffnen sich jetzt für Ihr Fühlen. Sie spüren den Boden unter Ihren Füßen. Wie fühlt er sich an? Ist der Weg breit oder schmal? Weich oder steinig? Wie ist die Luft dort? Ist es kühl oder warm? Berühren Sie einige Dinge am Wegesrand. Wie fühlen sie sich an? Weich, hart, kühl, sanft, stachelig, beweglich, …? Wie ist das Licht an diesem Ort? Ist es hell oder dunkel? Wie ist das Wetter? Feucht, neblig, sonnig, …? Können Sie gut atmen an diesem Ort? Wie riecht und schmeckt die Luft? Wie fühlen Sie sich? Frei, stabil, geborgen, kraftvoll, …?

SEHEN: Öffnen Sie nun Ihre inneren Augen, und versuchen Sie, etwas zu sehen. Was springt Ihnen besonders ins Auge? Versuchen Sie, so viele Informationen über die inneren Sinne zu sammeln, wie es Ihnen möglich ist.

ENERGIEBEWEGUNGEN: Nehmen Sie nun Energiebewegungen wahr, die Muster von Wind, Wasser, Feuer, Wellen, …

Wandeln Sie in Ihrem inneren Garten umher, und beginnen Sie, ihn zu entdecken. Welche Pflanzen und Bäume wachsen dort? Welche Landschaften offenbaren sich Ihnen? Welche Tiere begegnen Ihnen? Ist Ihr Garten verwildert oder angelegt? Strahlt er Kraft und Energie aus? Gibt es Ecken, die gereinigt oder verändert werden könnten? Haben die Pflanzen einen guten Boden? Wohin führen die Wege in Ihrem inneren

Garten? Genießen Sie es, diesen inneren Raum immer mehr zu entdecken.
Eine starke Energiebewegung zieht Sie sanft und kraftvoll immer mehr in Ihre innere Mitte, in Ihr Zentrum. Dies ist ein ganz besonderer Mittelpunkt an Ihrem inneren Ort. Dieser kann gekrönt sein von einer Quelle, einem starken Baum, einem besonderen Stein oder Kristall, einem Tempel, ...
Nehmen Sie Ihr inneres Zentrum genau wahr. Sie bemerken, wie Sie sich mit Ihrem Zentrum verbinden und sich ausdehnen. Sie fühlen den Boden unter Ihren Füßen und Ihren Stand. Strahlendes Licht fließt aus den höheren Dimensionen jetzt in Ihr Sein und lädt Sie vollkommen auf.

Nun erscheint ein geistiges Wesen. Sie begrüßen es. Vor Ihnen öffnet sich ein Pfad. Dieser Pfad führt Sie zu einem Ort der Reinigung. Sie schauen an Ihrem Seelengewand, das Sie bis hierher getragen haben, hinunter. Welche Farbe hat es? Wie sieht es aus? Wie fühlt es sich an? Ist es zerschlissen, zu klein, oder passt es?
Sie dürfen dieses Seelengewand jetzt abstreifen und so, wie Gott Sie erschuf, in das heilende Wasser des Lebens steigen. Sie fühlen, wie es Sie warm umspült. Dieses Wasser wird aus den ewigen Quellen gespeist. Es sprudelt um Sie herum und durchdringt Sie. Sie nehmen einen tiefen Schluck und fühlen, wie Lichtexplosionen in Ihrem Inneren Blockaden lösen und die Energie in Ihnen wieder zu strahlen, zu fließen, zu leuch-

ten und zu funkeln beginnt. Sie fühlen, wie sich Dinge aus Ihrem Energiefeld lösen und einfach davongespült werden. Sie genießen es, leicht, frei und immer reiner zu werden.

Langsam ist es Zeit, aus dem Wasser zu steigen. Ihr Spirit wartet bereits auf Sie. Sie werden gesalbt und geölt. Vielleicht werden Sie an verschiedenen Stellen berührt und fühlen, wie die Energie in diesen Bereichen wieder in den Fluss kommt. Vielleicht erhalten Sie auch einen Stärkungstrank. Nun wird Ihnen ein neues Gewand überreicht. Sie streifen es über, und es passt wie angegossen. Welche Farben hat es, welche Muster finden Sie auf Ihrem neuen Gewand? Sie sind bereit. Sie fühlen, wie Sie auf Schwingen des Lichts langsam nach oben getragen werden. Irgendwann fühlen Sie einen leichten, lichten Boden unter Ihren Füßen. Sie wandeln mit Ihrem Spirit auf einem wunderschönen Pfad in einen zauberhaften Garten mit Blumen und Farben, die nicht von dieser Welt sind. Inmitten des Gartens steht eine edle Tempelanlage an einem See. Sie werden bereits erwartet. Ihr Spirit führt Sie auf den Platz, der Ihnen gebührt.

Sie nehmen Ihren Platz ganz bewusst mit einem tiefen Atemzug ein. Sie sind zu Hause. Ihre Seele kennt diesen wunderbaren Ort. Nun bitten Sie alle Ihre Spirits vom vergangenen Jahr zu erscheinen, Ihr Krafttier, die Naturwesen, die Sie begleitet haben, die Engel, die an Ihrer Seite waren, die Pflanzenwesen, Ihren Heiler, Ihren inneren Lehrer, Ihren

Meister und die Seelen der Menschen, die Sie im vergangenen Jahr begleitet und geprüft haben.
Die Gegenstände, die Mineralien und die Medizin des vergangenen Jahres legen Sie auf einen Tisch vor sich.
Sie bedanken sich auf Ihre Weise für die erhaltenen Segnungen bei Ihrem Seelenteam und den Seelen der Menschen, die Sie im vergangen Jahr geprüft, herausgefordert und gesegnet haben.
Sie können beispielsweise liebe Worte sprechen, jedem einen Blütenlei umlegen, jedes geistige Wesen segnen, … Sie fragen, ob Sie noch etwas tun können, ob es zum Jahresabschluss noch etwas zu beachten gibt. Hören Sie genau zu. Nun verabschieden sich diejenigen, die Sie nicht mehr mit in das neue Jahr begleiten. Geben Sie ihnen Ihren Segen mit auf ihre weitere Reise.
Schließen Sie Ihre Kreise sauber und rund für dieses Jahr ab. Nun zeigt sich Ihr neues Team.

Zuerst erscheint ein Krafttier, vielleicht auch mehrere, das Sie bei Ihren Aufgaben im neuen Jahr unterstützt. Begrüßen Sie Ihr Krafttier, und lassen Sie sich von ihm in seine Kräfte einführen.
Sie haben jetzt einen Augenblick Zeit, sich mit dem Krafttier für die neue Runde zu beschäftigen. Das Krafttier nimmt Platz in Ihrem Kreis.

Nun erscheinen die Naturwesen. Achten Sie darauf, welche Elemente in der neuen Runde besonders betont sind. Sind es Wasserwesen, Erdwesen, Luftwesen, Feuerwesen, die jetzt erscheinen? Vielleicht gibt es ein Element, das im neuen Jahr ins Gleichgewicht gebracht werden möchte. So nehmen Sie sich jetzt Zeit für dieses Element, für die Naturwesen und geben ihnen Ihren Segen und einen Platz.
Die Naturwesen überreichen Ihnen eine Pflanzenmedizin, die für Sie im kommenden Jahr wichtig ist. Vielleicht riechen Sie die Pflanzen, oder Sie schmecken sie, Sie fühlen oder wissen einfach, welche Pflanzen das sind. Sie nehmen ihre Samen und ihre Kraft entgegen.

Als Nächstes erscheinen Engel. Vielleicht fühlen Sie Farben, die Sie jetzt einhüllen, oder hören Namen, die Ihnen gesagt werden. Fühlen Sie die Engel, ihre Energie um sich herum. Welche Farben hüllen Sie ein? Tritt ein Engel, eine Farbe besonders hervor?
Die Engel überreichen Ihnen einen Edelstein, der für Sie besonders wichtig ist und den sie Ihnen auf Ihren Gabentisch legen, anstecken oder umhängen. Welcher Stein ist es? Vielleicht fühlen, sehen oder wissen Sie es einfach. Bedanken Sie sich bei Ihren Engeln.

Nun erscheint Ihr innerer Heiler, Ihre innere Heilerin.
Er/sie berührt Sie an den Körperteilen, auf die Sie achten sollten. Spüren Sie seine Berührung. Er ölt und salbt Sie. Sie fühlen seine Energie, und sie gibt Ihnen einen Klang, der gut für Sie ist und über den Sie mit Ihrem Heiler verbunden sind.

Nun erscheint Ihr innerer Lehrer. Das kann ein Lehrer aus einer anderen Kultur sein, deren Geist Sie im neuen Jahr begleiten wird. Wie fühlt sich dieser Lehrer an? Ist es ein Schamane, eine Gottheit, ein Asiat, …? Lassen Sie sich seinen Namen nennen. Er berührt Sie jetzt deutlich an einer Stelle. Immer wenn Sie diese Berührung fühlen, ist er da.
Nun erscheint Ihr Meister aus der erleuchteten Ebene. Lassen Sie sich von seinem Licht einhüllen. Lauschen Sie seinen Botschaften. Er überreicht Ihnen ein Symbol und einen Kraftgegenstand, der Sie im neuen Jahr begleiten wird. Nehmen Sie ihn würdevoll entgegen.
Ihr Meister zeigt Ihnen von oben einen Kraftort dieser Erde, der für Sie wichtig ist.
Welcher Ort kommt Ihnen in den Sinn? Wie nehmen Sie diesen Ort wahr? Was ist das Motto für Ihr neues Jahr?

Nun kommen Seelen aus Ihrer Seelenfamilie auf Sie zu, die Sie in der neuen Runde begleiten werden. Vielleicht sind sie Ihnen vertraut, vielleicht sind aber auch neue Seelen dabei. Begrüßen Sie sie auf Ihre Weise. Wenn karmische Verbindungen dabei sind, so lassen Sie mithilfe Ihres geistigen Teams die violette Flamme der Reinigung lodern, sodass sich die Felder klären und in Harmonie anhand der göttlichen Matrix ausrichten. Sehen Sie die leuchtenden Seelen, die an Ihrer Seite sind. Lassen Sie den Segen hineinfließen, und fühlen Sie die Harmonie und die Führung. Nach der Segnung spüren Sie, wie diese Seelen gesegnet und leuchtend wieder zurück in ihre Welten gehen.

Nun ist Ihr gesamtes Seelenteam für das neue Jahr zusammen. Sie begrüßen Ihr ganzes Team auf Ihre Weise und halten eine kleine Ansprache. Das Seelenteam versammelt sich um Sie herum. Sie fühlen, wie sich eine Kugel mit Essenz in Form von Farben, Energien und Mustern füllt, die aus Ihrem Seelenteam gebildet werden.
Betrachten Sie diese Essenz. Sie ist Ihre Jahresschwingung. Wie fühlt sie sich an? Wie klingt sie in Ihnen? Wie schmeckt sie? Nun beginnt diese Jahresessenz, aus der Geistigen Welt in Ihre neue Erdenrunde zu fließen. Sie spüren, wie Ihr ganzes Team das neue, vor Ihnen liegende Jahr segnet. (Sie können jeden Monat einzeln segnen oder die Essenz in das ganze Jahr fließen lassen.) Fühlen Sie den Weg des neuen Jahres. Gibt es gefühlte Veränderungen, Erweiterungen, …? Ihr Seelenteam stellt für Sie einen Medizinbeutel zusammen, mit Ihren Edelsteinen, den Samen und der Kraft Ihrer Pflanzen, Ihrem Symbol und der Essenz. Diese Dinge segnen und begleiten Sie.

Nun ist es Zeit für den Rückweg. Mit einer leichten Abwärtsbewegung gelangen Sie wieder zu Ihrem inneren Zentrum.

Nun verankern Sie die mitgebrachte Energie an Ihrem inneren Ort. Sie geben Ihrem Krafttier einen Platz, pflanzen die Samen ein, bitten die Naturwelten, sich zu positionieren und den Garten neu auszurichten. Sie verankern die Engelenergien und erleben, wie sich Ihr innerer Garten verändert und neu ausrichtet. Vielleicht entstehen neue Bereiche, oder Sie werden in einen Bereich geführt, der für Sie im kommenden Jahr wichtig sein wird. Schauen Sie sich noch einmal an Ihrem inneren Ort um, und bedanken Sie sich für all den Segen aus den Lichtwelten. Mit einem vollkommen positiven und guten Gefühl kommen Sie langsam aus Ihrer inneren Welt wieder in den äußeren Raum. Nehmen Sie sich Zeit, und notieren Sie, was Sie erlebt haben.

Segnung des neuen Jahres

Nehmen Sie sich etwas Zeit und Ruhe.
Kommen Sie zu sich selbst. Atmen Sie tief ein und aus. Fühlen Sie, wie Sie sich mit Ihrer geistigen Führung immer mehr verbinden. Bitten Sie nun die Geistige Welt zu sich, die Engel, Ihr Krafttier, die Spirits, mit denen Sie verbunden sind. Bitten Sie das geistige Licht des Segens, sich um 1000 Sonnen zu verstärken. Warten Sie, bis Sie dieses helle, gleißende, segnende Licht wahrnehmen. Nun sehen Sie das gesamte neue Jahr vor sich und lassen erst einmal bis zum Jahresende das strahlende Segenslicht hineinströmen. Spüren Sie diesen Segensstrom.

Konzentrieren Sie sich jetzt nacheinander auf die einzelnen Monate.

Lassen Sie zunächst den Segen in den Januar fließen.
Die Geistige Welt überreicht Ihnen dazu eine Segenskugel – eine Kugel ist ein abgeschlossener Schwingungsraum – für den ersten Monat. Fühlen Sie die Kugel für den Januar in Ihrer Hand. Welche Farbe hat sie, welche Energie fühlen Sie im Januar? Vielleicht kommt Ihnen auch ein Wort oder ein Symbol in den Sinn. Lassen Sie die Energie der Segenskugel in den gesamten Monat fließen.

Die Geistige Welt überreicht Ihnen nun eine Segenskugel für den zweiten Monat. Fühlen Sie die Kugel für den Februar in Ihrer Hand. Welche Farbe hat sie, welche Energie fühlen Sie im Februar? Lassen Sie die Energie der Segenskugel in den gesamten Februar fließen.

Fahren Sie so fort, bis Sie im Dezember des neuen Jahres angelangt sind.

Wenn Sie das Gefühl haben, dass bei einem Monat die Energie absackt oder Sie sie nicht halten können, so bitten Sie Ihre Freunde, Sie zu unterstützen, und verstärken Sie den Segen in diesem Monat mit der Kraft von 1000 Sonnen. Schreiben Sie auf, was Sie gefühlt, gesehen, empfangen, ... haben. Das kann im Rückblick sehr interessant sein.

NACHWORT

Segne alles, bevor du beginnst.
Segne dich und deine Lebensreise.
Segne die Menschen, die du triffst.
Segne jeden neuen Tag, der dir von der Schöpfung geschenkt wird.
Segne deine Reisen, deine Wege, deine Arbeit, dein Sein.
Scheue dich nicht, den Segen überall hineinzubringen.
Sei der Segen, den du dir in der Welt wünschst.
Jeder von uns ist ein Tropfen im Ozean der Freude,
und jeder einzelne ist in der Lage, diese Welt zu verändern.

Wenn wir beginnen, zu erwachen und zu erkennen, dass wir ewige Wesen sind und das Wunder der Schöpfung entdecken, dann werden wir mit jedem Schritt zu einem Segen für die gesamte Schöpfung. Jeder kann segnen:

Du segnest mit deinem Atem.
Du segnest mit deinen Worten.
Du segnest mit deinen Blicken.
Du segnest mit deinen Händen, die andere berühren.
Du segnest mit deinem lebendig pulsierenden Herzen.
Du segnest mit deinen Füßen die Erde, die sie berühren.
Du bist nur eine begrenzte Zeit hier auf der Erde.
Was hast du zu verlieren?
Der Segen macht dich frei und lässt dich tanzen.

Möge ab jetzt der Segen verstärkt in alle Bereiche Ihres Lebens fließen.

ÜBER DIE AUTORIN

Jeanne Ruland ist Mutter von drei Kindern, Buchautorin mit langjähriger schamanischer und metaphysischer Ausbildung, Huna-Lehrerin und anerkannte Heilerin im Dachverband »Geistiges Heilen«. Mittlerweile kann sie auf einen reichen Erfahrungsschatz im Umgang mit den geistigen Kräften zurückgreifen,die im Kern alle zur Einheit, zu Gott, zur Quelle, zum Selbst führen. Durch ihre vielen Reisen ist sie mit zahlreichen spirituellen Meistern und Kräften in Verbindung getreten und hat verschiedene Ausbildungen absolviert. Als der Ruf sie erreichte, Bücher zu schreiben, war sie erfüllt mit praktisch erlebtem Wissen, in dem Himmel und Erde miteinander verbunden sind. Im Jahr 2000 begann sie mit ihrer Autoren- und Seminartätigkeit. »Die lichte Kraft der Engel« und »Das große Buch der Engel« waren ihre ersten Werke, die, wie alle ihre Bücher, Kartensets und Kalender, beim Schirner Verlag erschienen sind. In ihren Werken sowie in Vorträgen, Seminaren und Workshops teilt Jeanne Ruland ihr Wissen von Herzen gern mit anderen Menschen, um sie zu sich selbst, zu der Kraftquelle im Inneren, zu führen.
Weitere Informationen finden Sie unter:
www.shantila.de

LITERATUR

Ruland, Jeanne. Aloha – Gelebte Liebe und hawaiianische Huna-Philosophie. Darmstadt, Schirner, 2011.

Ruland, Jeanne. Das Dodekaeder und die fünfte Herzkammer. Darmstadt, Schirner, 2011.

Ruland, Jeanne. Die Gegenwart der Meister. 56 Karten und Begleitbuch. Darmstadt, Schirner, 2001.

Ruland, Jeanne. Mit Engeln reisen. Ein Reiseführer für Herz und Seele. Darmstadt, Schirner, 2008.

Ruland, Jeanne. Willkommen auf der Erde. Segenszeremonien für Kinder. Darmstadt, Schirner, 2011.

Ruland, Jeanne und Brändle-Ender, Sabine. Das »JA« zueinander. Segenszeremonien für Paare. Darmstadt, Schirner, 2013.

Ruland, Jeanne und Ferenz, Gudrun. Die heilige Geometrie der platonischen Körper. Die kosmischen Formen der fünf Elemente und ihre praktische Anwendung im Leben. Darmstadt, Schirner, 2010.

Empfehlung:
Ruland, Jeanne. CD: Tiki Waeana – Der innere Seelenort. Drei geführte Meditationen mit Musikbegleitung. Darmstadt, Schirner, 2012.

Wiegel, Suzan H. und Reimann, Michael. CD: Aloha-Healing. Geführte Meditationen mit Musikbegleitung. Darmstadt, Schirner, 2012.

BILDNACHWEIS

S. 8, 19, 42, 59, 80, 89: © petrabarz – Fotolia_23434275
S. 12: © Renáta Sedmáková – Fotolia_44247495, © yoki5270 – Fotolia_45381201, © Malgorzata Kistryn – Fotolia_43673969, © Nunnicha Supagrit – Fotolia_45534314
S. 13: © Lava Lova – Fotolia_40265182
S. 14, 32, 67, 108: © Marianne Mayer – Fotolia_28413111
S. 17: © line-of-sight – Fotolia_46356618
S. 37: © Pixel && Création – Fotolia _47835611
S. 40: © sorapop Udomsri – Fotolia_43224565 (Hintergrund verändert)
S. 46: © hin255 – Fotolia_32318306
S. 47: © twins_2 – Fotolia_41840463, © isuaneye – Fotolia_37205368, © Thomas Francois – Fotolia_39284004, © Kati Molin – Fotolia_44381055, © monoVision – Fotolia_38026004
S. 48: © Murat Karacay, © guukaa – Fotolia_36629552, © PixelEmbargo – Fotolia_45587245, © natasha – Fotolia_36630620, © yvart – Fotolia_38240714
S. 68: © Bernd S. – Fotolia_18937577
www.fotolia.de

WEITERE SEGENSBÜCHLEIN VON JEANNE RULAND

Das »Ja« zueinander
Segenszeremonien für Paare
112 Seiten
ISBN 978-3-8434-5046-1

Willkommen auf der Erde
Segenszeremonien für Kinder
112 Seiten
ISBN 978-3-8434-5039-3

Aumakua
Segen und Potenzial unserer Wurzeln
112 Seiten
ISBN 978-3-8434-5074-4

Advents- und Weihnachtsrituale
Der Weg in das mystische Herz der Weihenächte
128 Seiten
ISBN 978-3-8434-1313-8